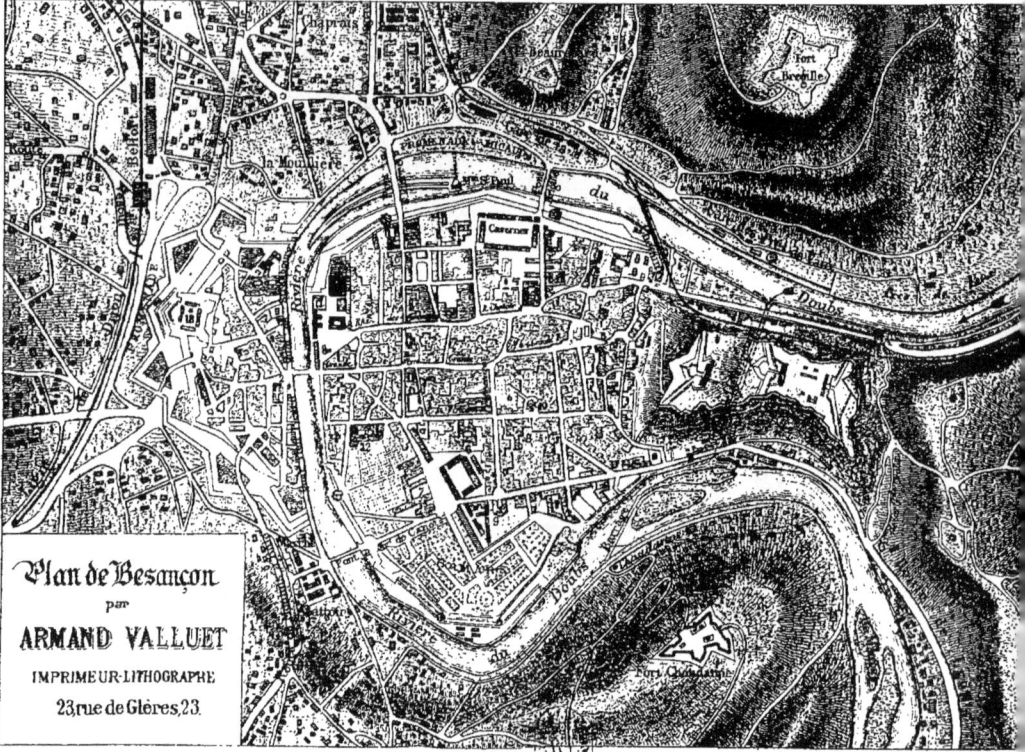

Plan de Besançon
par
ARMAND VALLUET
IMPRIMEUR-LITHOGRAPHE
23, rue de Glères, 23.

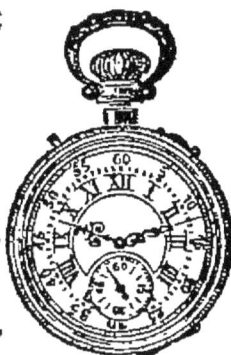

1

A LA VIEILLE-INTENDANCE

BESANÇON
14, Grande-Rue, 14

GRANDS MAGASINS

DE

Nouveautés

BONNETERIE

PARAPLUIES, ENCAS

ET

Ombrelles

PRIX
fixe

BESANÇON
GRANDE-RUE

14

A LA VIEILLE INTENDANCE

Ancienne Maison Muess-Rebillet

ÉDOUARD HAZARD, SUCCESSEUR

14

GRANDE-RUE

BESANÇON

PRIX FIXE

CONFECTIONS

POUR

Hommes
Dames, Fillettes
et Jeunes Garçons

MAGASIN SPÉCIAL

DE DEUIL

ENVOI DE CATALOGUE

sur

demande affranchie

14, Grande-Rue, 14
BESANÇON

Grands Magasins de Nouveautés

FABRIQUE DE RESSORTS DE MONTRES

JEQUIER

7, place Saint-Amour, 7

Médaille d'argent à l'Exposition de Paris 1878

GROS ET DÉTAIL — EXPORTATION

FABRIQUE D'HORLOGERIE

Spécialité de Remontoirs en tous genres

E. KUMMER

1, Rue du Chateur, 1, Besançon

FABRIQUE D'HORLOGERIE
DE

PAUL BOUTTEY

Médaille d'honneur or, Besançon (1860). — Médaille d'honneur, Londres (1862)

rue Moncey, 12, BESANÇON

CHARLES LENHARDT

FABRICANT D'HORLOGERIE

BESANÇON

Spécialité de Petites Montres à Clés et Remontoirs

GUIDE DU TOURISTE

A

BESANÇON

ET

AUX ENVIRONS

PAR

Auguste CASTAN

Correspondant de l'Institut de France

(Académie des Inscriptions et Belles-Lettres)

Associé de l'Académie royale de Belgique

Membre honoraire de la Société d'histoire de la Suisse romande
et de la Société d'histoire de Neuchâtel

Membre correspondant de l'Académie de Metz
de l'Institut de Genève

de la Société des Antiquaires de Zurich, etc., etc.

VESONTIO-BESANÇON

La Ville de Besançon est située au centre de l'ancienne province de Franche-Comté : elle en était jadis appelée la tête et le cœur.

Sa partie essentielle occupe, sur la rive gauche du Doubs, une presqu'île formée par une boucle de la rivière et adossée à une montagne rocheuse. Cette montagne est un gradin avancé de la chaîne du Lomont, la quatrième des arrêtes de la barrière des Juras.

A une époque où les moyens d'attaque à longue portée n'existaient pas, un tel site réalisait l'idéal du refuge défensif : aussi la presqu'île de Besançon a-t-elle été l'assiette d'une ville dès la plus haute antiquité.

Sous le nom de Vesontio, cette ville fut, au temps de la Gaule indépendante, le chef-lieu de la belliqueuse peuplade des Séquanes, celle qui défendait la trouée de Belfort contre les envahisseurs de la Germanie.

A l'époque romaine, Vesontio eut, pendant quelque temps, la qualité de colonie (167 de notre ère) : alors elle se peupla de monuments publics qui portaient les mêmes noms que ceux de la métropole du monde.

Dévastée à diverses reprises par les tribus germaniques (d'abord en 355), elle adopta pour maîtro son archevêque et forma dès lors une principauté distincte du reste de la province dont elle avait été la capitale.

Après avoir vécu plus de sept siècles (435-1162) sous la domination presque absolue du clergé, la population urbaine s'organisa violemment en commune et eut pour auxiliaire l'aristocratie laïque de la province.

Au bout de deux siècles et demi de lutte acharnée, le gouvernement communal obtint légalement la souveraineté de la ville (1435); mais il dut reconnaître le protectorat de l'empereur d'Allemagne et avoir comme associé, pour la justice et les questions militaires, le souverain de la Franche-Comté.

Charles-Quint, qui réunit en sa personne la dignité d'empereur et la qualité de souverain de la Franche Comté, fut à la fois le protecteur et l'associé de notre ville : il lui accorda le droit de frapper monnaie (1537), et la municipalité perpétua l'effigie de ce bienfaiteur sur les espèces qu'elle fit fabriquer pendant plus de deux siècles.

Traditionnellement, la ville était divisée en sept quartiers ou bannières. La presqu'île renfermait les bannières de Saint-Quentin, Saint-Pierre, Chamars et le Bourg. Sur la rive droite du Doubs étaient les trois bannières de Battant, de Charmont et d'Arène. Chaque année, le jour de la saint Jean-Baptiste, chacun de ces quartiers élisait quatre notables. Ces vingt-huit notables faisaient choix à leur tour de quatorze personnages qui s'intitulaient gouverneurs et régissaient souverainement la république bisontin

Cet état social dura jusqu'à l'incorporation de notr
ville à la grande nation dont elle n'avait cessé d
pratiquer les mœurs et de parler le langage. Conqui
par Louis XIV, en même temps que la Franche-Com
(1674), Besançon dut abdiquer toute prétention
l'indépendance : elle redevint capitale de la provin
et fut le siége des grands services publics de cet
circonscription.

Jusqu'à la Révolution française, Besançon n'er
d'élément commercial que le produit des vignes q
couvraient la majeure partie de sa banlieue. Ur
colonie d'émigrés de la principauté de Neuchâtel vir
y implanter, en 1793, la fabrication des montre
Cette industrie qui alimente presque exclusivemer
le marché français, produit annuellement plus d
500,000 montres, dont 160,000 en or et 340,000 e
argent. Le nombre des personnes qu'elle fait vivr
dépasse 12,000.

L'amputation que subit la France, en 1871, rend
à la trouée de Belfort sa vieille importance stratégiqu
et l'ancienne capitale des Séquanes devint e
conséquence l'un des principaux boulevards de l
défense du territoire national. Les établissemen
militaires furent notablement augmentés, tandis qu
la population urbaine s'accroissait d'un flot de
émigrés de l'Alsace. Le nombre des habitants atteign
ainsi le chiffre de 57,000.

La nécessité de construire des logis engagea la vill
dans la voie d'une transformation qui est aux trois quar

accomplie. Ce nouvel ordre de choses concordant avec l'achèvement d'une ligne de chemin de fer qui fait communiquer directement Besançon avec les centres horlogers de la section neuchâteloise, l'administration municipale a jugé utile d'organiser à ce propos des fêtes qui mettront les étrangers en goût de visiter une ville que son site et ses établissements publics rendent digne d'intérêt.

MONUMENTS ANTIQUES

Arc de Triomphe romain. — Ce monument est couvert de bas-reliefs qui représentent avec des scènes mythologiques, des combats, des captifs enchaînés et des trophées d'armures. Placé en manière de frontispice à l'entrée de la région militaire de la Citadelle, cet arc s'appelait, à l'époque antique, *Porte de Mars*. On peut le regarder comme un témoignage des victoires remportées par Marc-Aurèle sur les Germains, en l'an 167 de notre ère.

Théâtre romain & Square archéologique. — Les vestiges d'un édifice antique, de forme arquée, se trouvaient dans une cave de l'établissement des Frères de Marie. Comme cet emplacement répondait aux conditions recherchées par les constructeurs romains pour asseoir les théâtres et qu'un édifice de ce genre n'avait pu manquer d'exister à Vesontio, je déclarai que la place voisine de cette cave recouvrait les restes d'un monument scénique disposé en hémicycle. Ces restes furent en effet retrouvés : un beau fragment d'estrade fut laissé en place ; quatre colonnes corinthiennes complètes furent réédifiées et associées aux tronçons de quatre autres ; des fragments sculptés servirent à composer plusieurs groupes. Les fouilles ont été faites en 1870, et la disposition des vestiges dans un square a eu lieu en 1872, sous la direction de M. l'architecte Alfred Ducat.

Aqueduc romain. — Dans le flanc occidental du Théâtre antique, on avait logé le bassin de distribution des eaux de la source d'Arcier, distante de dix kilomètres, qui était amenée par un canal voûté très soigneusement construit. D'importants vestiges de ce bassin sont visibles dans un souterrain de la partie haute du Square archéologique; ils y sont associés aux restes du baptistère primitif de l'église chrétienne de Besançon. Plusieurs sections du canal sont apparentes le long du chemin qui suit la rive gauche du Doubs, entre Arcier et Besançon.

Capitole. — Au centre de la partie plane de la presqu'île de Vesontio, dans un terrain qui dépend de l'hôtel de MM. Ethis (Grande-Rue, 91), s'élève en dépassant de huit mètres et demi le niveau du sol antique, une terrasse plantée de grands marronniers. Les fragments de marbre abondent dans le pourtour de cette terrasse; on y trouve notamment les vestiges de fortes colonnes en marbre cipollin, qui assurément encadraient l'extérieur d'un temple. J'ai démontré, en 1867, que l'appellation *Monticulus Capitolii*, inscrite dans un ancien rituel, ne pouvait concerner que cette terrasse; j'ai prouvé que le mot *Chateur*, désignant une rue qui en est voisine, dérive du vocable *Capitolium*, par les intermédiaires *Chatour*, *Chatoul* et *Chatol*. La terrasse s'appelait donc Capitole à

PORTE NOIRE

l'époque antique, et les colonnes dont on y trouve les vestiges proviennent d'un temple dédié aux divinités capitolines, c'est-à-dire d'une sorte de cathédrale du culte officiel que Rome avait imposé aux villes privilégiées. Des fouilles récentes ont fait voir que la terrasse était un empilement de pierres brutes, imitant la Roche Tarpéienne de Rome et ayant servi de piédestal au Capitole de Vesontio.

Pont romain. — Dans l'axe de la presqu'île de Vesontio, un pont de pierre faisait partie de la grande voie romaine qui reliait l'Italie aux provinces rhénanes. Ce pont existe encore tout entier, enfermé entre les deux façades construites postérieurement pour élargir la voie : les arcatures antiques se distinguent aisément des additions modernes.

MONUMENTS RELIGIEUX

Saint-Jean (*basilique métropolitaine*). — Le plan de l'édifice, comprenant deux absides, est carolingien. Les murs latéraux, construits à l'antique et percés de fenêtres en plein cintre, semblent remonter au onzième siècle. Les majestueuses arcades de la grande nef appartiennent au douzième siècle, ainsi que l'abside de style romain qui sert de chœur. Les voûtes, d'architecture gothique, sont de 1237. L'abside inférieure ayant été écrasée par la chute du clocher, en 1729, on rebâtit cette partie de l'édifice dans le goût du dix-huitième siècle. Le clocher, particulièrement lourd et disgracieux, a malheureusement servi de type aux reconstructeurs des églises rurales du diocèse.

Dans l'abside inférieure, dite du *Saint-Suaire*, il y a lieu de remarquer :

Le tombeau en marbre blanc de Ferry Carondelet, ami de Raphaël et d'Erasme : statue couchée en costume pontifical d'abbé commendataire ; plus bas, le cadavre du même personnage, rongé par les vers et les reptiles. — Monument sculpté à Bruges, en 1543.

Au-dessus de ce tombeau est une toile vénitienne qui représente la *Mort de Saphir et d'Ananie*, peut-être du Tintoret.

Buste en marbre blanc du Pape Pie VI, par Guiseppe Pisani.

Statue agenouillée du cardinal-archevêque Louis-François-Auguste de Rohan-Chabot, mort en 1833, par Clésinger père.

Statue assise du cardinal-archevêque Jacques-Marie-Adrien-Césaire Mathieu, mort en 1875, par le baron Bourgeois.

La Résurrection du Christ, un des tableaux importants de Carle Vanloo, occupe le fonds de cette seconde abside.

Dans la petite nef d'amont se trouve la chapelle affectée, depuis 1865, à la sépulture de huit membres de la famille des anciens souverains de la province de Franche-Comté : copie des peintures à fresques du seizième siècle, qui représentaient ces personnages dans le cloître de l'ancienne basilique de St-Etienne ; crypte en marbre renfermant les ossements dans quatre cercueils.

Contre l'un des piliers de la grande nef est une chaire à prêcher de 1469, délicatement ajourée dans le style gothique flambloyant.

Dans la petite nef d'aval est une *Vierge* qui apparaît à plusieurs saints, peinture sur bois de Fra Bartolommeo, la plus remarquable des œuvres de ce grand maître qui existe en France. Le personnage vêtu de rouge, que l'on y voit agenouillé, est Ferry Carondelet, qui donna cette belle page de peinture à l'ancienne basilique de Saint-Etienne, en 1518.

Sur le maître-autel sont deux anges adorateurs en

marbre blanc, sculptés à Rome, en 1768, par Luc Breton, de Besançon.

Au fond de la principale abside, on a encastré le marbre antique du maître-autel de l'ancienne basilique de Saint-Etienne. Ce marbre est creusé en forme de rose, et les symboles chrétiens qui y figurent semblent indiquer le sixième siècle comme époque de sa confection.

Saint-Maurice *(succursale)*. — Construction faite de 1712 à 1714, dans le goût des églises des Jésuites. Une grande gloire en bois sculpté représente l'Assomption de la Vierge. La sacristie de cette église renferme une chasuble, richement ouvragée, qui avait été faite pour saint François de Sales, comme en témoigne son chiffre plusieurs fois répété dans la broderie.

Notre-Dame *(succursale)*. — C'est l'ancienne église de l'abbaye bénédictine de Saint-Vincent de Besançon. De la construction primitive, qui datait de la fin du onzième siècle, il reste encore six lourdes colonnes à chapiteaux romans, dont les bases sont enterrées dans le sol. Le chœur a été décoré, au début de ce siècle, par une colonnade grecque en hémicycle. Une percée centrale permet de voir, au-delà de l'hémicycle, l'intérieur d'une gracieuse chapelle, éclairée par une coupole, qui est l'œuvre de M. l'architecte Ducat : cet édicule abrite une statue de la Vierge, en marbre blanc, sculptée par Raymond Gayrard. Le maître-autel, en marbre blanc, a été dessiné par M. Ducat et sculpté par M. Joseph Baudrand, de Dole.

La tour des cloches, ainsi que la porte d'entrée de l'ancienne abbaye, avaient été édifiées en 1525, sous la prélature de l'abbé Antoine de Montecut, aumônier de Marguerite d'Autriche, la tante de Charles-Quint.

Saint-Pierre *(succursale)*. — La forme de cette église est un carré sur lequel s'ouvrent trois absides : du côté de l'entrée se trouve un portique extérieur, un porche couvert et la tour des cloches, qui est traditionnellement le beffroi municipal de Besançon. Quatre colonnes corinthiennes s'élèvent au centre du carré, et de leur sommet se projettent en tous sens des arceaux qui vont reposer sur quatorze pilastres faisant face aux colonnes. Cet édifice fut construit, de 1782 à 1786, d'après les plans de l'architecte Claude-Joseph-Alexandre Bertrand.

Dans l'abside orientale est une *Piéta* ou *Vierge au Christ mort*, en pierre de Tonnerre, morceau de grand style exécuté en 1787 par le statuaire bisontin, Luc Breton. Tout près de l'abside occidentale, on voit la *Résurrection de Lazare*, par Martin de Vos, l'une des toiles de l'ancienne galerie de notre Palais Granvelle.

Saint-François-Xavier *(succursale)*. — Eglise bâtie par les Jésuites, entre les années 1680 et 1688, pour les exercices religieux de leur collége de Besançon. Le plan, tracé par le P. de Hoyé, est imité de celui du Gesù de Rome. La principale décoration de cette église consiste en un luxueux retable qui fait corps avec le maître-autel et s'élance jusqu'à la voûte : au premier plan, on voit les statues agenouillées de saint Ignace et de saint François-Xavier, en bois doré ; au sommet, un ange fait briller le monogramme du Christ. Cet ouvrage, qui revint à plus de 20,000 livres, fut exécuté à Paris et achevé en 1719.

Séminaire diocésain. — Sous les auspices de l'archevêque Antoine-Pierre Ier de Grammont, deux prêtres de Saint-Nicolas-du-Chardonnet vinrent de Paris, en 1665, pour fonder cette institution. Les bâtiments, qui ont de grandes proportions, datent de 1670 et ont eu pour architecte l'abbé Pierre Durnel. L'église se rapproche du style jésuitique, bien que les voûtes soient à nervures prismatiques et découpées en caissons. L'établissement possède une bibliothèque renfermant plus de 20,000 volumes.

Chapelle de l'Hôpital. — Avant la Révolution, ce joli monument servait de frontispice et d'église à un monastère du Refuge, contigu a l'hôpital Saint-Jacques. Ce fut le premier ouvrage de l'architecte Nicolas Nicole, de Besançon, entre les années 1739 et 1745. L'élément essentiel de la construction est un dôme dans les évidements duquel s'ouvrent, par en bas, trois chapelles et un porche. Dans les parties pleines de la base du dôme, on a pratiqué des niches où se trouvent les statues en pierre des quatre évangélistes, exécutées en 1762 par le sculpteur Michel Devosgé, de Gray. Trois bonnes toiles de Jollain symbolisent dans cette église l'institution du

Refuge. Les boiseries sont de vrais chefs-d'œuvre.

Chapelle de l'Ecole catholique. — Edifice construit dans le style du treizième siècle, pour servir aux exercices religieux d'un établissement ouvert, sous le titre de Collège de St-François-Xavier, le 5 novembre 1850. **M.** l'architecte Ducat est auteur des plans de cette chapelle, qui renferme quatre grandes peintures murales dues au talent et à la générosité de **M.** Edouard Baille. Ces peintures retracent quatre événements miraculeux des annales du diocèse : la translation des corps des saints Ferréol et Ferjeux ; l'évêque saint Liu appelant la foudre sur les faux dieux de Vesontio ; le bras de saint Etienne retrouvé dans les eaux du Doubs ; les hosties de Faverney conservées au milieu des flammes.

Ancienne église de Saint-Paul *(convertie en magasin à blé).* — C'était l'église d'une riche abbaye qui eut droit d'asile jusqu'au début du seizième siècle et qui conserva, jusqu'à la Révolution française, une juridiction spéciale sur la principale rue de son vaste domaine. Cette église a été mutilée comme à plaisir par l'administration militaire ; on peut encore juger de ce qu'était son clocher du onzième siècle, par les deux arcatures romanes qui en ont été relevées dans la cour de la Bibliothèque. Le vaisseau de l'édifice, composé de trois nefs, avait été reconstruit, à partir de l'année 1371, dans un style gothique très richement fleuri.

Sainte-Madeleine *(église curiale)*. — Rebâtie entre les années 1746 et 1766, d'après les plans de l'architecte Nicolas Nicole, cette église unit les sévères beautés du style grec aux hardiesses élégantes des constructions religieuses du moyen-âge ; c'est à la fois grandiose et svelte. Nous ne parlons pas de la façade, qui est lourde, ni des tours dont la construction ne date que de 1828. A l'une de ces tours est accroché un mannequin portant casque et cuirasse, dont les jambes enfourchent une cloche sur laquelle ses deux bras réunis se lèvent pour frapper les heures. Cette figure, imitée de celles qui accompagnaient les horloges publiques dans les Flandres, se nomme également ici *Jacquemard*. Le populaire y voit la statue d'un carillonneur émérite, ayant maintes fois préservé la ville en sonnant à propos le tocsin.

Quelques bons tableaux se trouvent dans l'église de Sainte-Madeleine : nous citerons une *Sainte-Famille*, par Jean-Erasme Quellin, élève de Rubens et gendre de David Teniers ; cette toile est signée et datée d'Anvers, 1672.

Saint-Ferjeux *(succursale de la banlieue)*. — Cette église est bâtie sur une grotte naturelle qui, après avoir été le refuge des saints Ferréol et Ferjeux, devint le tombeau de ces apôtres de la Séquanie. Le sanctuaire n'étant pas en harmonie avec la vénération qui s'attache à cette cryrte, un projet de reconstruction fut émis, sous forme de vœu, durant la période calamiteuse de 1870, par le cardinal Mathieu archevêque de Besançon. En conséquence de ce vœu, la première pierre d'une nouvelle église sera posée, le 30 août 1884, par Mgr Foulon, archevêque actuel. Le futur édifice, construit dans le style roman, aura pour architecte, M. Alfred Ducat.

Dans la paroi orientale de l'église actuelle, on a encastré l'épitaphe, sur porphyre verdâtre, de l'évêque Silvestre Ier, mort en 396 et inhumé près du tombeau des fondateurs de la chrétienté de Besançon.

Saint-Claude (*succursale de la banlieue*). — Eglise construite en 1857, d'après les plans de l'architecte Delacroix, dans un style gothique indépendant de toute tradition. Le clocher, en forme de pyramide élancée, est très hardiment greffé sur le portail. Pour éviter les contreforts extérieurs, la naissance des voûtes a été prise de très bas, de sorte que l'intérieur de l'édifice a le caractère d'une vaste crypte amplement éclairée. Les voûtes viennent d'être décorées de peintures murales.

Chapelle des Capucins (*aux Chaprais, fermée au public depuis 1880*). — Cette église, achevée en 1873, a été conçue par M. l'architecte Victor Baille, dans le goût des églises monastiques d'Italie du douzième siècle. Trois grandes peintures murales, rappelant le style de Fra Angelico, y ont été exécutées par M. Sublet, de Lyon.

Temple protestant. — C'est l'ancienne église de l'hôpital du Saint-Esprit de Besançon, établissement qui exerçait une suprématie sur les maisons de même ordre dans les deux Bourgognes et la Lorraine. La nef de l'église remonte à la première moitié du treizième siècle ; le chœur et une chapelle latérale appartiennent au quinzième siècle. Dans une cour contiguë à l'église, on peut voir une galerie de bois, décorée de sculptures fantastiques de la période moyenne du quinzième siècle. Le porche, élevé en 1841 pour servir de façade au temple, est une conception de l'architecte Delacroix, réalisée dans un style gothique de pure fantaisie.

Synagogue israélite. — Ce monument, inauguré en 1869, a été construit dans le style mauresque à coupoles, d'après les plans de l'architecte Marnotte.

MONUMENTS MILITAIRES

Citadelle et enceinte de la place. — Des fortifications du seizième siècle, qui avaient été faites sous les auspices de l'empereur Charles-Quint, il reste encore quatre ouvrages : les deux tours rondes de la porte Rivotte, la tourelle qui surmonte la porte Taillée, la tour ronde qui avoisine l'ancienne porte Notre-Dame, enfin la tour de la Pelotte, à l'extrémité du quai de Strasbourg.

La citadelle et les remparts sont l'une des maîtresses œuvres du fortificateur Vauban, qui en dirigea la construction de 1674 à 1711. Une promenade sur les chemins de ronde de la citadelle permet d'apprécier l'ensemble du site de Besançon et de vérifier l'exactitude de la peinture que César en avait faite. Le canal du Rhône au Rhin passe sous la citadelle, au moyen d'un tunnel de 380 mètres de longueur, qui a été inauguré le 30 avril 1882.

La citadelle étant dominée de tous côtés, il y eut nécessité de lui adjoindre des forts détachés. Les deux lunettes de Trochâtey et de Touzey, au sud de la citadelle, datent de 1791 et eurent pour auteur le général d'Arçon, inventeur des batteries flottantes. Durant la période de paix qui suivit le premier empire, on remplaça par des forts en maçonnerie les ouvrages provisoires que le général d'Arçon avait placés sur les hauteurs de Bregille, Chaudane et Beauregard.

Après les désastres de 1870, le périmètre des défenses de Besançon dut être considérablement élargi. Les trois points culminants du nouveau pourtour, Chailluz, Montfaucon et Planoise, sont devenus de véritables places de guerre, reliées et complétées par hui ouvrages plus ou moins importants. La plus grande partie de ce formidable ensemble a été accomplie entre les années 1873 et 1879, période durant laquelle le commandement du 7e corps d'armée fut exercé à Besançon par le général duc d'Aumale.

Arsenal. — C'est à la fois une grande usine et un immense dépôt. Quatre machines à vapeur mettent en mouvement l'outillage des ateliers : on y confectionne surtout des corps d'affûts et des voitures de transport. Les magasins de dépôt sont remarquables par leurs dimensions et par l'ordre admirable qui y règne.

MONUMENTS CIVILS

Palais archiépiscopal. — Un corps de logis du vieux palais des archevêques renferme une chapelle qui appartient au style gothique flamboyant et date des dernières années du quinzième siècle. Le nouveau palais a été construit, au début du dix-huitième siècle, par l'archevêque François-Joseph de Grammont. La pièce d'honneur, appelée salle synodale, est ornée d'une collection peinte à la fin du dix-huitième siècle, des portraits de tous les archevêques de Besançon, collection qui se continue régulièrement. Les appartements ont des tableaux de maîtres d'une réelle valeur. Parmi ces œuvres d'art, nous citerons : une *Scène de l'Histoire de Venise,* par Paul Véronèse ; un *Portement de Croix*, par Cigoli ; deux *Paysages*, de Claude le Lorrain ; quatre *Marines*, de Joseph Vernet ; les *Portraits* du cardinal de Polignac et de Jean d'Estrées, par Hyacinthe Rigaud ; l'*Enlèvement des Sabines*, dessin de Poussin. On verra également avec intérêt : une mitre de l'archevêque Charles de Neufchâtel, de la fin du quinzième siècle, avec sujets brodés en haut relief ; une chasuble et deux dalmatiques, dont les orfrois, richement brodés à Bruges, faisaient partie d'ornements offerts aux églises de Besançon, en 1530, par Jean Carondelet, archevêque de Palerme et haut doyen de notre chapitre métropolitain ; la croix processionnelle en argent du cardinal de Granvelle, morceau de ciselure de la seconde moitié du seizième siècle.

Hôtel de la Préfecture. — C'est l'ancien logis des intendants de la province de Franche-Comté, construit entre les années 1771 et 1778, d'après les plans de l'architecte Victor Louis, auteur du grand théâtre de Bordeaux. La dépense, supportée par la province tout entière, atteignit la somme de 611,000 livres. La façade du côté du jardin, avec l'élégante rotonde qui en est le centre, semblerait annoncer une résidence princière. Le salon ovale du rez-de-chaussée de l'édifice est une merveille de bon goût.

Hôtel de ville. — La façade construite en pierres à bossages, date de 1565 ; elle comprend une vaste niche pour fontaine qui abritait, avant 1793, la statue en bronze de l'empereur Charles-Quint, enfourchant une aigle à deux têtes. La principale salle, qui a de belles proportions, sert à la tenue des séances publiques de nos sociétés savantes ; elle a pour décoration huit portraits en pied de nos célébrités militaires : le général Donzelot, par Jean Gigoux ; le général Pajol, par J.-B. Guignet ; les généraux Morand et Marulaz, par Giacomotti, etc. Dans le cabinet du Maire sont les portraits des personnages qui ont rempli cette fonction depuis bientôt un siècle.

Palais de Justice. — C'est un corps de logis des bâtiments municipaux, que la ville dut céder à l'Etat, en 1676, pour l'installation du Parlement de la province qui était transféré de Dole à Besançon. La façade, qui se voit depuis la cour de l'Hôtel de Ville, est un délicieux ouvrage de la Renaissance française, construit en pierres de diverses couleurs, entre les années 1582 et 1585, d'après les plans de Hugues Sambin, élève de Michel-Ange : sous le gracieux campanile, que surmonte une aiguille en forme d'obélisque, était la chapelle de la municipalité ; plus bas est une grille élégante forgée en 1861, d'après un dessin de M. l'architecte Ducat. En arrière de cette façade, sont des bâtiments qui datent de 1745. La salle affectée aux audiences solennelles de la Cour d'Appel a des proportions grandioses ; celle où siége la première chambre est revêtue de magnifiques boiseries.

Salle de spectacle. — Ce fut l'intendant Charles-André de Lacoré qui eut l'idée de doter la ville de Besançon d'un théâtre monumental ; il obtint que l'Etat supporterait les deux tiers des dépenses de cette construction, qui se fit de 1778 à 1784, et revint à 260,000 livres. L'architecte Charles-Nicolas Ledoux, l'auteur original des bâtiments d'octroi que l'on appelait les *Barrières de Paris*, s'était inspiré des théâtres de l'antiquité pour doter notre salle de spectacle des meilleures conditions d'aspect et d'acoustique. L'inauguration de ce monument eut lieu le 9 août 1784, en présence du prince de Condé et du duc de Bourbon, son fils : le spectacle se composait de la *Métromanie*, de Piron, et du *Tableau parlant*, de Grétry.

Halle aux grains. — Cet édifice, construit d'après les plans de l'architecte Marnotte, entre les années 1835 et 1843, a pour formule un carré parfait de cinquante mètres sur chaque face. La cour intérieure a été, en 1860, le centre d'une exposition universelle : un triple encadrement de galeries y fut alors établi, et ce local, couvert par une toiture vitrée, a pris ainsi les allures d'une immense salle de spectacle. En dehors des solennités qui s'y tiennent accidentellement, ce local sert aux exercices des sociétés de gymnastique. Le marché aux grains ne compte pour ainsi dire plus dans les emplois que remplit la halle. Le vestibule ainsi que l'étage de l'aile du nord-ouest sont affectés au Musée des antiquités ; l'étage de l'aile du sud-ouest abrite l'Ecole municipale des Beaux-Arts ; les deux autres ailes de l'étage appartiennent au Musée de peinture.

Abattoir. — Cette indispensable officine, que généralement on dissimule, a été mise chez nous en magnifique évidence, car elle occupe le débouché d'un pont qui relie la principale promenade de la ville à la partie que l'on considérait jadis comme la plus agréable du pourtour de Besançon. Il est vrai que rien n'a été négligé pour que notre abattoir fût un modèle du genre : son prix de revient s'est élevé à près d'un million ; il a été inauguré en 1879.

PORTE TAILLÉE

Hospices civils. — Ce grand établissement résulte de la fusion de plusieurs services de bienfaisance : l'hospice communal de Saint-Jacques, la Charité pour l'éducation des enfants pauvres, l'hôpital du Saint-Esprit ou des enfants trouvés, l'Aumône générale, l'asile des vieillards de Saint-Jean-l'Aumônier, la Maison de force, dite du Bon Pasteur. Les bâtiments sont ceux de l'hôpital Saint-Jacques, accrus de l'ancien monastère du Refuge. La partie essentielle de ces bâtiments fut commencée en 1685, d'après les plans de l'architecte parisien Royer, retouchés par l'abbé Jacques Magnin : cette construction était terminée en 1702. A quelque temps de là, un ministre du roi de France, passant par Besançon, avait pu dire : « Ici, ce sont les *gueux* qui sont le mieux logés. » L'aspect de l'édifice est, en effet, très monumental : trois corps de bâtiments, étagés par portiques, encadrent une vaste cour qui a pour frontispice une grille en fer forgé de toute magnificence. Ce chef-d'œuvre, exécuté à Rans (Jura), par le serrurier Nicolas Chappuis, fut terminé en 1703 et revint à 22,000 livres ; son auteur reçut, comme récompense, le titre de citoyen de Besançon. Les visiteurs de nos hospices prennent intérêt aux vieilles faïences et aux élégants trumeaux de la pharmacie léguée, en 1692, à l'hôpital Saint-Jacques, par l'un de ses directeurs, le bienfaisant apothicaire Gabriel Gascon.

MAISONS HISTORIQUES

Palais Granvelle. — Nicolas Perrenot de Granvelle, petit-fils d'un forgeron d'Ornans, s'était élevé par ses talents à la situation de premier ministre de l'empereur Charles-Quint. Le mariage qu'il avait contracté à Besançon, en 1513, avec Nicole Bonvalot, d'une des premières familles de la ville, avait été le point de départ de sa fortune : aussi eut-il grandement à cœur les intérêts de la république bisontine. Ce fut tout à la fois pour être agréable aux citoyens de Besançon et pour avoir une position prépondérante parmi eux, qu'il fit édifier le palais qui porte son nom. Cette construction fut commencée en 1534 et achevée en 1540. La façade, en pierre polie, est subdivisée en trois zones marquées par des colonnettes qui se superposent et font corps avec l'édifice : au-dessus de l'attique, sont trois lucarnes richement décorées. Le dessin de cette façade venait d'un architecte flamand familiarisé avec les élégances italiennes. Les corps de logis qui encadrent la cour ont leur unique étage élevé sur des portiques ; les arcs de ceux-ci sont très surbaissés et reposent sur des colonnes de l'ordre dorique. Dans la galerie de l'étage qui correspond à ces portiques, les héritiers du ministre de Charles-Quint avaient installé la riche collection des œuvres d'art acquises par divers membres de léur famille, et surtout par le cardinal de Granvelle, dont la carrière politique eut encore plus d'éclat que celle de son père. La collection du Palais Granvelle fut dispersée après un siècle d'existence : les débris qui nous en restent sont encore les plus précieux joyaux de notre Bibliothèque publique et de notre Musée de peinture.

Depuis 1674 jusqu'à la Révolution française, le Palais Granvelle fut affecté au logement du gouverneur de la province de Franche-Comté. La ville, qui en avait fait l'acquisition en 1712 pour la somme de 63,000 livres, fut obligée, par une loi révolutionnaire, de s'en désaisir pour le prix de 98,200 livres ; le rachat qu'elle en fit, en 1864, lui coûta 350,000 fr.

Le Palais Granvelle abrite aujourd'hui les sociétés savantes de la ville, l'école municipale de musique et un musée de dessins et gravures.

Le bibliothécaire Charles Weiss a légué, en 1866, une somme de 30,000 pour qu'une statue en marbre du cardinal de Granvelle fût érigée dans la cour du palais construit par le père de cet homme illustre. La statue, qui est l'œuvre de M. Jean Petit, de Besançon, est terminée ; les figures du piédestal qui doivent être coulées en bronze, sont en voie d'achèvement.

Grands-Carmes. — Au moyen d'un passage couvert en forme d'arcade, le Palais Granvelle était relié à l'église des Carmes, où la famille Perrenot de Granvelle s'était fait bâtir une chapelle sépulcrale. Cette chapelle, composée de trois sections d'une voûte en étoile qui retombe sur des pilastres doriques, avait été achevée en 1555 : elle sert aujourd'hui de logement à un boulanger. L'église elle-même, consacrée en 1472, a été divisée en deux étages : celui du haut fournit une belle installation au cercle des officiers. Les portiques des bâtiments conventuels, qui datent de 1695, constituaient le plus beau cloître qu'il y eût en Franche-Comté. Sous ces portiques s'ouvre l'ancienne salle des assemblées annuelles de la chevalerie de Saint-Georges, confrérie de la noblesse franc-comtoise ; un restaurant utilise aujourd'hui ce local qui est décoré de boiseries dont les sculptures rappellent son ancienne destination. Les issues de l'immeuble des Carmes, sur la rue de la Préfecture et sur la Grande-Rue, sont munies de portails qui datent de 1870 et ont eu pour auteurs : d'une part, l'architecte Delacroix ; d'autre part, M. Gustave Vieille.

Hôtel de Champagney (*rue Battant, 37*). — Ce grand logis, dont la façade est dominée par quatre énormes gargouilles qui surplombent, a quelque parenté d'allure avec le Palais Granvelle : il fut bâti, entre 1560 et 1565, par la veuve du principal ministre de Charles-Quint. Frédéric Perrenot de Granvelle, le plus jeune des frères du cardinal, hérita de cet immeuble en même temps que de la seigneurie de Champagney. Ce fut un remuant personnage : il occupa les postes de gouverneur d'Anvers et de chef des finances de Belgique, mais ne réussit pas à organiser un tiers parti au milieu des troubles des Pays-Bas.

Hôtel de Montmartin (*rue de l'Orme-de-Chamars*). — Vers la fin de sa vie, le cardinal de Granvelle se trouva brouillé avec son neveu, qui possédait le palais patrimonial, et avec son jeune frère, qui était propriétaire de l'hôtel de Champagney. Pour avoir une maison à lui dans la ville où il était né *citoyen*, il fit reconstruire, en 1582, l'hôtel de Montmartin qui devint un grand logis avec pavillons saillants aux quatre angles. Il restait encore à couvrir la maison et à ajouter une chapelle, quand le cardinal s'éteignit à Madrid le 21 septembre 1586, sans avoir vu la demeure où il s'était proposé de finir ses jours. Cet immeuble est aujourd'hui la propriété des dames du Sacré-Cœur.

Hôtel Bonvalot (*près du Château-d'Eau*). — Nicolas Perrenot de Granvelle avait un beau-frère dont Charles-Quint appréciait hautement la capacité politique : c'était François Bonvalot qui, à deux reprises, occupa le poste d'ambassadeur impérial près la cour de France. Titulaire de riches bénéfices ecclésiastiques, il encouragea les lettres et les artistes : Erasme fut l'un de ses amis et le musicien Claude Goudimel l'un de ses protégés. L'hôtel qu'il fit bâtir, entre les années 1538 et 1544, est un type de logis de grand seigneur dans la période moyenne du seizième siècle ; il y mourut le 18 décembre 1560. Cette maison est actuellement occupée par la communauté religieuse de la Sainte-Famille.

Hôtel d'Anvers *(Grande-Rue, 44)*. — La famille d'Emskerque, originaire des environs de Dordrecht, vint, au quinzième siècle, depuis Anvers, s'établir à Besançon; le terrain qu'elle acheta dans cette ville était longé par une ruelle qui prit le nom de rue d'Anvers. Sur ce terrain, un bel hôtel avait été bâti au début du dix-septième siècle : la municipalité le donna pour logis, en 1630, à Gaston d'Orléans, frère unique du roi Louis XIII, qui avait quitté la France pour s'être insurgé contre l'omnipotence du cardinal de Richelieu.

Maison Mareschal *(rue Rivotte, 17)*. — Guillaume Mareschal, qui avait conquis une fortune par le négoce, s'était fait construire, en 1520, ce petit logis où les lignes de l'architecture gothique sont associées à la flore ornementale de la Renaissance.

Maison natale de Victor Hugo *(Grande-Rue, 140)*. — Sur la façade de cette maison, la municipalité a fait placer, au mois de décembre 1880, une lyre en bronze traversée par un cartouche portant ces mots : **Victor HUGO**, 26 février 1802. C'est la date de la naissance en cette maison de celui que Châteaubriand appelait l'*Enfant sublime* et que la postérité appellera le plus grand poète du dix-neuvième siècle.

INSTRUCTION PUBLIQUE

Académie universitaire et Facultés. — Le Rectorat universitaire et les deux Facultés des Sciences et des Lettres occupent les bâtiments conventuels de l'abbaye de Saint-Vincent de Besançon, construits à la fin du dix-septième siècle, d'après les plans de l'architecte bénédictin D. Vincent Duchesne. Des traditions de vie studieuse existent dans ces locaux, car ils ont abrité, pendant le dix-huitième siècle, l'un des principaux laboratoires d'érudition de la congrégation bénédictine de Saint-Vanne et Saint-Hidulphe.

Ecole de médecine et de pharmacie. — Elle est installée dans un corps de logis du grand immeuble des hospices.

Lycée de garçons. — C'est l'une des belles constructions pédagogiques que les Jésuites aient faites dans l'Est de la France. Commencée en 1718, elle fut achevée en 1739. L'ancienne salle des actes, qui sert de chapelle, est une vaste pièce splendidement boisée : l'autel a pour rétable une *Présentation au Temple,* peinte en 1758 à Rome, par Placido Costanzi.

Lycée de jeunes filles. — Créé par décret du 28 juillet 1882, cet établissement a été installé par la ville dans l'hôtel qu'avait fait construire, en 1723, la famille Belin, l'une de celles dont le gouvernement de Louis XIV s'était servi pour préparer l'annexion de la Franche-Comté à la patrie française.

Enseignement secondaire libre. — Deux grands établissements de plein exercice existent pour les garçons : les Frères de [Marie, établis à Besançon depuis 1838 ; l'Ecole catholique de saint François-Xavier, créée par le cardinal Mathieu en 1850 et cédée par lui, en 1874, à la congrégation des Eudistes. Pour les jeunes filles, les principaux pensionnats congréganistes sont ceux du Sacré-Cœur (1823), des Ursulines (1876) et des sœurs de Saint-Vincent de Paul (1880).

Enseignement primaire. — Besançon possède une école normale d'instituteurs et une école d'institutrices qui relèvent du budget départemental. Les écoles communales sont nombreuses et pourvues de belles installations. Une école primaire supérieure de l'enseignement congréganiste occupe l'un des grands hôtels de l'ancien quartier capitulaire.

Ecole municipale des Beaux-Arts. — Fondée en 1774, sous les auspices de l'intendant Charles-André de Lacoré, par le statuaire Luc Breton, de Besançon, et par le peintre suisse Melchior Wyrsch, cette institution a secondé la vocation artistique d'un certain nombre d'hommes distingués. Nous citerons parmi les peintres : Alexandre Chazerand, de Besançon ;

Jean-Pierre Péquignot, de Baume-les-Dames ; Jean
Gigoux, de Besançon ; Edouard Baille, de Besançon ;
Félix Giacomotti, de Quingey ; Tony Faivre, de
Besançon ; Jules Machard, de Sampans ; Théobald
Chartran, de Besançon ; et parmi les sculpteurs :
Auguste Clésinger, Jean Petit, Jean-François Soitoux
et Just Becquet, tous quatre de Besançon.

Ecole d'horlogerie. — Créée en 1861, pour
l'enseignement des connaissances relatives à l'industrie
artistique dont Besançon tire sa prospérité, cette
école fonctionne dans un bâtiment qui avait été
construit, de 1720 à 1726, comme grenier public
de la ville ; les plans en avaient été donnés par
Jean-François Charron, professeur de mathématiques,
originaire de Châtelleraud.

Observatoire. — Cet établissement, destiné à
provoquer et à constater les progrès de l'industrie
horlogère locale, a été créé à frais communs par
l'Etat et par la ville de Besançon, en 1882. Il est situé
dans la banlieue, sur un point élevé qui se nomme la
Bouloye ; les bâtiments, qui s'achèvent, ont eu pour
architecte, M. Saint-Ginest.

Ecole de musique. — Instituée en 1860, pour
entretenir à Besançon le goût de l'art musical et pour
conserver comme chefs de pupitre à l'orchestre du
théâtre des artistes de mérite, cette école occupe le
corps de logis du Palais Granvelle qui prend jour sur
la promenade.

BIBLIOTHÈQUES & MUSÉES

Bibliothèque publique. — Par un testament en date du 27 novembre 1694, Jean-Baptiste Boisot, abbé de Saint-Vincent de Besançon, légua aux Bénédictins de son abbaye les livres, tableaux, antiques et médailles qu'il avait acquis en grande partie des héritiers de la famille de Granvelle, à la condition que le tout formerait un dépôt public. Ce dépôt fut ouvert le 7 juillet 1696. La Révolution française a fait de la bibliothèque une propriété municipale ; elle y a versé les livres des corporations religieuses et ceux des émigrés du district de Besançon ; dans ce dernier groupe se trouvaient les documents recueillis par la dynastie lettrée de Chifflet. La bibliothèque renferme aujourd'hui près de 130,000 volumes, dont 1850 manuscrits et un médailler de 10,000 pièces.

La grande salle de la bibliothèque, avec ses deux étages de galeries, est d'un aspect imposant. On y voit deux statues : celle du naturaliste Georges Cuvier, par David (d'Angers), moulage en plâtre bronzé de la figure inaugurée en 1835 sur une place publique de Montbéliard ; celle du philosophe Théodore Jouffroy, marbre blanc du sculpteur Pradier, portant la date de 1845.

La Bibliothèque possède en outre une nombreuse série de bustes des hommes célèbres de la province

comtoise : Victor Hugo, par David (d'Angers) ; l'abbé
Boisot, Suard, Joseph Droz, Charles Nodier, Francis
Wey, par M. Jean Petit ; le jurisconsulte Proudhon,
par M. Camille Demesmay ; Charles Weiss, par
Auguste Clésinger ; le marquis de Moustier, par
M. Iselin, etc.

Trois vitrines mettent en évidence les pièces les
plus remarquables du médailler, un beau groupe de
manuscrits enluminés et de reliures armoirées, une
suite de produits typographiques de la plus insigne
rareté. Dans la collection de numismatique, on
devra remarquer des médaillons en argent aux effigies
de Septime Sévère et de Caracalla, un médaillon
unique de François de Noailles, plusieurs des médailles
frappées en l'honneur du cardinal de Granvelle, les
monnaies municipales de Besançon. Parmi les
manuscrits, on verra l'un des opulents volumes de la
bibliothèque du roi de France Charles V ; un livre
enluminé à Florence pour le roi de Hongrie Mathias
Corvin ; une miniature grandiose représentant une
bataille dont les guerriers sont costumés comme ceux
que conduisit en Italie le roi de France Louis XII ;
un délicieux livre d'heures du calligraphe Jarry. La
vitrine des imprimés montrera des livres sur vélin,
produits par Guttenberg et ses associés, en 1459 et 1460 ;
le premier volume imprimé à Paris, en 1470 ; un
rarissime exemplaire des lettres d'indulgences qui
se vendaient au profit de saint Pierre de Rome, et
furent le prétexte de la réformation protestante ; un
notable fragment du Livre de prières de l'empereur

Maximilien Ier, dont les marges avaient été brodées d'arabesques en 1515, par Albert Durer et ses principaux élèves ; les feuillets que nous en possédons se raccordent avec la partie du même volume qui est depuis longtemps célèbre à la Bibliothèque de Munich.

On devra également admirer les recueils de dessins formés par l'architecte Pierre-Adrien Paris, l'artiste aimé du roi Louis XVI, qui, en 1819, avait institué la Bibliothèque de Besançon héritière de son précieux cabinet.

Musée de peinture et sculpture. — Cet établissement, qui occupe deux des ailes de l'étage du pourtour de la halle, a été inauguré et ouvert au public le 30 décembre 1843. Ses morceaux les plus précieux sont quelques tableaux du seizième siècle qui avaient appartenu à la galerie de Granvelle ; puis un certain nombre d'œuvres françaises du dix-huitième siècle dont une bonne part provient du legs de l'architecte Paris. Dans ces deux groupes, il y aura surtout à voir : 1° *Déposition de la Croix*, par Angiolo Bronzino, tableau sur bois peint en 1545 pour le palais de Cosme de Médicis, duc de Florence, et offert par ce prince à la chapelle funéraire de la famille de Granvelle ; 2° *Portrait* de Nicolas Perrenot de Granvelle, par Titien ; 3° *Portrait* du cardinal de Granvelle, sur cuivre, par Gaetano ; 4° *Portraits* de l'ambassadeur Simon Renard et de sa femme, sur bois, par Antonis de Mor ; 5° *Notre-Dame des Sept-Douleurs*, triptyque ayant servi de rétable à la chapelle intérieure du Palais Granvelle, œuvre

flamande que je présume être de Bernard van Orley;
6° *Portrait* de la famille Boutin de Diencourt, grande
toile de Largillière; 7° *Scènes chinoises*, neuf cartons
pour tapisseries, par Boucher.

Dans la catégorie des sculptures, les statuettes et
bustes en terre cuite du bisontin Luc Breton sont à
remarquer.

Parmi les grandes toiles de l'époque contemporaine
que le Musée possède, nous citerons : la *Mort de
Léonard de Vinci*, par Jean Gigoux; l'*Hallali*, par
Gustave Courbet; les *Funérailles de saint Sébastien*, par
Edouard Baille; le *Martyre de Saint-Hippolyte*, par
Giacomotti; les *Maîtres Mosaïstes*, par Faustin Besson.

Musée de dessins et gravures. — Ce musée,
créé en 1882, est installé au Palais Granvelle. Il se
compose : 1° d'une centaine de dessins, dont
trente-cinq de Fragonard, qui proviennent du legs de
l'architecte Paris; 2° d'une grande quantité de dessins,
gravures et lithographies, se rattachant à toutes les
écoles, qui composent le don fait par M. Jean Gigoux
à sa ville natale; 3° de la collection des études de
nature laissées par le peintre Jules Grenier, de
Baume-les-Dames, et offertes par M. Edouard Grenier,
son frère, à la ville de Besançon. Dans ce musée, se
trouve une table en bois sculpté, œuvre de menuiserie
locale, qui date de 1581, et semble avoir été exécutée
d'après un dessin de l'architecte Hugues Sambin.

Musée des antiquités. — Une délibération du
Conseil municipal, en date du 5 janvier 1849, a donné

naissance à cet établissement qui occupe l'une des ailes de l'étage du pourtour de la halle ainsi que le vestibule du même édifice. Toutes les époques de notre histoire locale sont représentées dans cette collection par des groupes qui symbolisent les splendeurs et les misères de la province de Franche-Comté. Quelques beaux morceaux d'art antique s'y rencontrent parmi les antiquités grecques et romaines qui proviennent du cabinet de l'architecte Paris. Une série de médailles modernes, léguée en 1874 par Pierre Klein, de Besançon, renferme des épreuves de la plupart des coins qui se conservent à la Monnaie de Paris. Voici les objets de ce musée qui méritent tout spécialement attention : 1° *Momie égyptienne* dans un cercueil à triple couvercle, remontant à 3,000 ans ; 2° *Tête grecque* de jeune homme, en marbre de Paros, sur un cube de marbre dans lequel est incrusté l'un des plus grands clous de bronze de la porte du Panthéon de Rome ; 3° *Main colossale* en marbre blanc, fragment d'une statue qui devait avoir plus de huit mètres de hauteur, trouvé dans le sol romain de Besançon ; 4° *Morphée,* statuette en bronze, un *torques* d'argent à la gauloise autour du cou, trouvée à Besançon ; 5° *Mercure*, jolie statuette en bronze provenant de Mandeure ; 6° *Taureau d'airain*, à trois cornes, de style gallo-grec, long de soixante-quinze centimètres, trouvé en 1756 à Avrigney (Haute-Saône), acheté par la ville de Besançon, en 1873, pour la somme de 20,000 fr. ; 7° *Horloge* en argent doré, avec riches ciselures, exécutée à Augsbourg, pour le cardinal de

Granvelle ; 8° *Bahut* en ébène, avec d'élégantes cuivreries et des incrustations de lapis-lazuli, dans le style florentin de la seconde moitié du seizième siècle.

Archives départementales. — C'est le dépôt des actes et titres de plusieurs institutions qui avaient pour ressort la Franche-Comté tout entière : tels étaient le Parlement, la Chambre des comptes, les Etats provinciaux, l'Intendance et l'Université. La Révolution y a fait entrer les documents que possédaient les établissements religieux situés dans la circonscription que représente le département du Doubs : dans cette catégorie se trouvent les titres de l'Archevêché de Besançon, dont le plus ancien est de l'année 1036, et les délibérations du Chapitre métropolitain qui remontent à l'an 1412. La partie historique du dépôt se compose d'environ 4,000 cartons et de plus de 1,500 registres. On a placé aux Archives le plan en relief du département du Doubs exécuté à l'échelle de $\frac{1}{40,000}$, par M. Louis Cloz. Un bel édifice, contigu à la Préfecture, vient d'être construit, d'après les plans de M. l'architecte Saint-Ginest, pour recevoir cet important dépôt.

Musée d'histoire naturelle. — La création de cet établissement remonte à 1819 : la ville en a abandonné la direction à la Faculté des sciences, depuis l'année 1845. La faune, la flore et les roches de la région franc-comtoise y sont représentées par des séries très complètes.

SOCIÉTÉS DIVERSES

La ville de Besançon possède un grand nombre
d'associations qui, à divers points de vue, stimulent
et dirigent l'opinion publique. Nous indiquerons les
principales d'entre elles.

**Académie des sciences, belles-lettres et
arts** (*Palais Granvelle*). — Fondée en 1752 et
reconstituée en 1806, elle tient chaque année deux
séances publiques; elle ouvre des concours sur des
sujets de poésie, d'histoire et d'économie politique;
elle nomme tous les trois ans, le titulaire de la *pension
Suard*, rente de 1,800 fr. destinée à favoriser les
études d'un jeune homme né dans le département du
Doubs; elle publie un volume annuel de *Mémoires* et
un recueil de documents inédits pour servir à l'histoire
de la Franche-Comté.

Société d'Émulation du Doubs (*Palais
Granvelle*). — Fondée en 1840, elle tient chaque année
une séance publique, suivie d'un grand dîner auquel
assistent les délégués des associations scientifiques de
la Franche-Comté et de la Suisse romande; elle publie
annuellement un fort volume de travaux historiques
et scientifiques, encourage les recherches qui
ntéressent le passé, le présent et l'avenir de la province
de Franche-Comté; elle a organisé, en 1860, une

exposition universelle qui a mis en pleine lumière la fabrique d'horlogerie de Besançon.

Société d'agriculture du Doubs (*Palais Granvelle*). — Fondée en 1799, elle est le centre de ralliement des comices agricoles du département du Doubs. Par ses soins, chacun des quatre arrondissements est, à tour de rôle, l'objet d'un concours agricole.

Société d'horticulture et d'arboriculture (*Palais Granvelle*). — Fondée en 1856, elle ouvre fréquemment des concours entre les producteurs de fleurs, de fruits et de légumes ; elle subventionne un professeur.

Société des amis des Beaux-Arts (*Palais Granvelle*). Fondée en 1858, elle organise périodiquement des expositions et entretient, aux abords du Palais Granvelle, une vitrine où elle admet libéralement les œuvres d'art que les artistes ou les amateurs désirent placer sous les yeux du public.

Société des architectes du Doubs (*Palais Granvelle*). — Fondée en 1866, elle publie un tarif de prix applicables aux travaux de construction. Tout récemment, elle a fourni à la ville les plans de deux fontaines monumentales pour la place de l'Etat-Major et le rond-point des Chaprais.

Société nautique (*rue Saint-Pierre, 13*). — Fondée en 1865, elle organise des régates ; des fêtes de nuit

4

sur le Doubs et des concerts, soit au profit des pauvres, soit comme concours aux réjouissances publiques. Elle a fait construire, d'après les plans de M. l'archi-tecte Gustave Vieille, un immeuble dans lequel elle a son cercle et une salle pour des conférences. Ces beaux logis ont été inaugurés par des fêtes au mois de décembre 1883.

Société de tir. — Fondée en 1867, elle possède dans la banlieue de Besançon, au voisinage de Saint-Ferjeux, un stand où elle ouvre chaque année un grand concours de tir.

Sociétés de gymnastique. — Elles sont au nombre de deux : la *Comtoise*, fondée en 1869, et la *Fraternelle*, en 1878. La première, qui entretient une fanfare, a un cercle fort bien installé (rue Saint-Pierre, n° 17).

Société populaire d'astronomie. — Fondée en 1881, elle a pour objet de propager le goût des observations astronomiques et de vulgariser les vérités qui en découlent.

Section du club alpin français. — Constituée en 1874, cette phalange comtoise des alpinistes organise des excursions et en publie les comptes-rendus.

Société des courses de Franche-Comté. — Fondée pour l'amélioration de la race chevaline dans notre province, elle a fixé son hippodrome à Thise, près de Besançon ; elle y affirmera son existence, le 20 juillet 1884, par une première réunion de courses.

PROMENADES PUBLIQUES

Chamars. — C'est le terrain que l'administration
romaine de Vesontio avait affecté aux évolutions
militaires : de là son ancien nom de *Campus Martis*,
devenu *Chamars* dans le langage français. De tradition
immémoriale, il était admis que les militaires avaient
le droit de s'y exercer et les citoyens celui de s'y
promener ; ce régime mixte subsiste encore. Au
siècle dernier, l'architecte Bertrand avait créé sur ce
terrain une promenade, réputée la plus belle que
jamais place forte eût renfermé dans son enceinte. Les
travaux en avaient été soldés au moyen d'une
souscription publique, ouverte en 1772 et continuée
pendant une quinzaine d'années. Un bras du Doubs
traversait en écharpe cette promenade et y reflétait de
magnifiques dômes de verdure. Les nécessités de la
navigation avaient fait, vers 1830, supprimer le
cours d'eau, tandis que l'exhaussement des remparts
bornait l'horizon et empêchait l'air de se renouveler.
L'administration militaire ayant permis, en 1874, la
destruction des remparts intérieurs de Chamars, puis,
en 1883, l'abaissement de ceux qui bordent le Doubs,
la ville a chargé son ingénieur-voyer, M. Louis Rouzet,
de redonner à Chamars la physionomie d'une grande
et belle promenade : cette restauration vient de s'ac-
complir (1883-1884).

Granvelle. — C'est l'ancien jardin du palais construit à Besançon par le premier ministre de Charles-Quint. Le maréchal de Tallard, qui avait la jouissance de ce palais comme gouverneur de la Franche-Comté, voulut bien, dès 1728, en mettre le jardin à la disposition des promeneurs. En 1778, la ville racheta les droits d'un maraîcher qui exploitait ce jardin et nivela le sol pour y faire des allées régulières. L'acquisition de l'ancien hôtel Belin et de ses dépendances, réalisée en 1882, fit rentrer dans le domaine municipal le jardin qui avait servi de potager au palais. Ce morceau de terrain fut annexé à la promenade, en même temps que, pour agrandir encore celle-ci, on démolissait les anciennes écuries du palais. Cette promenade, ainsi accrue de plus d'un tiers, a des enrochements pittoresques qui sont animés par une chûte d'eau et servent de piédestal à une statue en pierre représentant le *Doubs*, œuvre sculptée en 1864 par M. Just Becquet. Un kiosque élégant vient d'être édifié dans la promenade, d'après le dessin de M. l'architecte Gribling, pour servir d'orchestre aux musiques.

Quais. — Par le fait de la construction du pont de Canot, en 1879, la promenade de Chamars est reliée aux quais des deux rives du Doubs, qui peuvent être ainsi considérés comme des promenoirs publics. Les quais de la rive gauche avaient été construits par Vauban, de 1692 à 1695, en même temps que l'ensemble des fortifications de la place : ils portent le

nom de leur illustre créateur. Le quai d'amont de la
rive gauche a été construit en 1864 et nommé alors
Quai Napoléon; il a été débaptisé à la suite du 4 septembre 1870 et nommé *Quai de Strasbourg :* c'était un
hommage rendu à la place forte qui soutenait alors
un siège contre les Prussiens. Le quai d'aval de la
même rive, commencé en 1878 à l'aide d'une libéralité
de 220,000 francs faite par Adolphe Veil-Picard, a
reçu le nom de ce coopérateur des entreprises
municipales.

Micaud. — On a donné à cette promenade le
nom du maire de Besançon, Jean-Agathe Micaud,
qui a présidé à son établissement en 1843 ; l'idée de
la créer et le mérite de l'avoir exécutée appartiennent
à l'architecte Delacroix. C'est une sorte de quai
ombragé, d'où l'on a de charmantes perspectives sur
les points saillants du pourtour de la ville : au
premier plan, le Doubs, coupé par un barrage, se
présente sous le double aspect de nape d'eau limpide
et de bouillonnante cascade.

FONTAINES & STATUES

FONTAINES

Le canal romain d'Arcier ayant été coupé par les envahisseurs du quatrième siècle, la ville n'eut, durant tout le moyen âge, que des puits et des citernes pour s'abreuver. Le quartier nord étant sur un sol qui se prêtait difficilement aux forages, on dériva pour lui, en 1457, la source de Fontaine-Argent. En 1559, le bénéfice de la distribution d'eau vive ayant été étendu au quartier sud, on emprunta les eaux plus abondantes du vallon de Bregille. L'accroissement de la population urbaine imposa, dans ce siècle, la nécessité de recourir aux expédients de l'époque romaine : la source d'Arcier fut ramenée à Besançon, en 1854 ; elle débouche derrière l'Archevêché, à 26 mètres au-dessus de la surface du Doubs, dans un château d'eau sur lequel est gravé le plan de l'aqueduc moderne. La banlieue tendant, depuis une douzaine d'années, à devenir une seconde ville, des nécessités nouvelles s'imposèrent quant au volume d'eau potable à répartir : aux sources d'Arcier, de Bregille et de Fontaine-Argent, il a fallu ajouter le produit de celle du bois communal d'Aglans. Le niveau très élevé de ce nouvel apport va permettre d'abreuver, sans le secours d'aucune machine, la zône supérieure de la banlieue de Besançon.

Une seule de nos fontaines a conservé sa figure décorative du seizième siècle : c'est celle des Carmes. Son *Neptune* en pierre date de 1564 ; il procède du ciseau d'un artiste local, Claude Lulier.

L'ornementation de la fontaine de Ronchaux remonte à 1750 : on y voit une statue du *Doubs*, très mutilée, et deux petits génies qui font couronnement ; ce fut l'œuvre des statuaires Michel Devosge, de Gray, et Perrette, de Chassagne.

La plus jolie de nos anciennes fontaines est celle dite autrefois des Dames, qui fait corps avec les dépendances de la Préfecture : elle fut composée par le statuaire Luc Breton, en 1776, et édifiée en 1785 par les soins de l'architecte Bertrand ; la *Sirène* de bronze, qui en est le principal motif, est une figure du seizième siècle intelligemment réemployée.

A l'occasion du retour des eaux d'Arcier, l'architecte Delacroix fournit les dessins de plusieurs fontaines. Celle de la place de l'Abondance avait pour couronnement une vasque monolithe gigantesque, qui se fendit en 1859 et que l'on remplaça par un col de vase. Celle de Battant, avec ses trois vasques superposées, a pour motifs d'ornementation les divers types des anciens sceaux de la ville.

Au nombre des embellissements que les fêtes de 1884 inaugureront, il faut signaler deux fontaines monumentales dont la construction s'achève. La première se substitue, sur la place de l'Etat-Major, aux vestiges de l'ancienne fontaine dite Dauphine : ses bassins étagés recevront l'eau d'une niche centrale qui a pour encadrement une façade d'architecture conçue dans le goût de la Renaissance italienne. La seconde fontaine, située au principal carrefour du quartier des Chaprais, a son soubassement octogonal divisé en huit sections qui encadrent alternativement des gradins de verdure et des bassins étagés ; ceux-ci seront alimentés par quatre bouches ouvertes au pied d'une colonne centrale, dont le riche chapiteau va supporter une figurine en bronze de *Flore*, ouvrage de notre compatriote M. Just Becquet. L'architecture des deux fontaines résulte de la collaboration de MM. Saint-Ginest et Dampenon.

STATUES

Pajol. — Statue représentant le général en chef Claude-Pierre Pajol, l'un des héros de la campagne de France en 1815. Son fils, M. le comte Charles Pajol, général de division, a modelé cette figure et, après l'avoir fait couler en bronze, l'a offerte à la ville natale de son père. L'inauguration en a eu lieu, sur la promenade de Chamars, le 28 août 1864.

Claude de Jouffroy. — En 1840, une commission de l'Académie des sciences décernait au marquis Claude-François-Dorothée de Jouffroy d'Abbans cette appellation glorieuse : « l'Homme qui le premier réalisa pratiquement l'immortelle pensée de Papin. » En effet, le premier bateau à vapeur ayant réellement

CLAUDE DE JOUFFROY

fonctionné fut l'œuvre de ce gentilhomme : l'embarcation qu'il avait construite naviqua sur le Doubs, entre Baume-les-Dames et Montbéliard, pendant les mois de juin et de juillet de l'année 1776, Claude de Jouffroy n'eut que la ruine et le dédain pour récompense : il mourut oublié, à l'Hôtel des Invalides, en 1832. Une injustice était donc à réparer envers sa mémoire, et l'Académie des sciences prit l'initiative de cette réparation. Dans sa séance du 16 août 1881, à la suite d'un rapport de M. Ferdinand de Lesseps, elle émit le vœu que la statue de Claude de Jouffroy fût érigée, au moyen d'une souscription publique, sur l'une des places de la ville de Besançon. Ce témoignage de la reconnaissance nationale s'élève en tête de l'un des quais de la rive droite du Doubs : la statue en bronze et les deux bas-reliefs latéraux ont pour auteur un artiste franc-comtois, M. Charles Gauthier ; le piédestal a été dessiné par M. l'architecte Saint-Ginest.

ENVIRONS DE BESANÇON

Charles Nodier, le délicieux conteur bisontin, a écrit quelque part que la Franche-Comté était la préface de la Suisse : les environs de Besançon pourraient être appelés les premières lignes de cette préface. Le gracieux et le pittoresque s'y harmonisent pour fournir des perspectives intéressantes et variées. Depuis les hauteurs, l'œil s'attache à deviner les contours du chemin que le Doubs s'est frayé à travers les montagnes tantôt, mamelonnées et tantôt abruptes, qui constituent la chaîne du Lomont. Dans les vallées, on a les surplombs audacieux des roches jurassiques, l'ombre dorée des berceaux de charmille, le velours des mousses vertes, la broderie des fougères et le serpentement argentin des clairs ruisseaux.

HAUTEURS

Chailluz. — Au nord de Besançon, cette grande côte boisée est, depuis les temps antiques, la forêt patrimoniale de la ville. Sur le point culminant (614 mètres), au lieu dit la *Dame-Blanche*, s'élève l'un des forts

détachés les plus importants du pourtour de Besançon.
De ce point, on a un cercle d'horizon complet : d'une
part, la vallée de l'Ognon et les collines qui bordent la
Saône ; de l'autre, la vallée du Doubs et les divers
étages des Juras ; en avant, la trouée de Belfort, entre
les Juras et les Vosges ; en arrière, les plaines jurassiennes qui confinent à la Bresse.

Châtillon-le-Duc. — Contrefort de Chailluz
(427 mètres) : vue magnifique sur la vallée de l'Ognon
Ancien emplacement d'un château féodal de la fin du
douzième siècle, bâti par les souverains de la Franche-Comté comme poste de surveillance aux abords de la
ville libre de Besançon. Ce château fut détruit par les
troupes du roi de France Louis XI, lorsqu'elles se
saisirent de la Franche-Comté en 1478. Les Prussiens
tentèrent de s'emparer de cette position en 1870.
Depuis on y a construit un fort qui, en cas de siége,
protégerait les Salines de Miserey et d'Auxon, alimentées par une mine de sel gemme, pressentie et
trouvée, en 1867, par l'architecte Delacroix.

Mont de Bregille (*442 mètres*). — Belle vue de
Besançon, de sa banlieue et de son pourtour stratégique. Un fort couronne le sommet de cette hauteur,
depuis 1832. Sur un ressaut de la même montagne,
que l'on appelle Beauregard, est assis un fortin
qui a remplacé l'ancien château des archevêques.
Depuis cette montagne, Besançon fut menacée à
diverses reprises : en 407, par Crocus, roi des Vandales ; en 1289, par l'empereur Rodolphe de Habs-

bourg ; en 1814, par l'armée autrichienne du prince de Lichtenstein, qui fit pleuvoir sur la ville, pendant deux heures, environ 400 obus.

Montfaucon (*611 mètres*). — Vue d'ensemble de la chaîne du Lomont, dont la citadelle de Besançon est le premier gradin ; aspect des trois autres étages des Juras et de quelques cimes des Alpes. Le nom de cette montagne (*Mons Falconis*) lui vient d'un seigneur nommé *Falco*, qui possédait au onzième siècle le castel situé sur un ressaut du versant qui regarde le Doubs. Ce château, qui avait cent-vingt villages dans sa dépendance, fut saccagé par l'armée française de Louis XI, en 1477; les ruines en sont encore importantes. Sur le principal sommet de Montfaucon se trouve l'un des grands ouvrages défensifs du pourtour de Besançon.

Chapelle-des-Buis (*493 mètres*). — Le plateau de Trôchatey (*Retro Castrum*, derrière la citadelle), qui est dominé par la crête des Buis, a de curieux vestiges de chemins celtiques aux profondes ornières. Vers le milieu de la crête, s'élève une chapelle construite en 1860 : il s'y fait chaque année un pèlerinage, le jeudi qui suit le 2 juillet. Depuis la terrasse de la chapelle, on a une belle vue de la citadelle de Besançon et des hauteurs qui lui font escorte. En gagnant la ligne des crêtes de Fontain, parallèles à la colline des Buis, on a un aspect de la région dite de la *Moyenne-Montagne* : au premier plan, le marais de Saône, avec ses tourbières ; à l'horizon, la grande montagne de

Poupet, la côte de Belin, Montmahoux, le plateau
d'Amancey; entre les deux plans, le château féodal
de Montrond, démantelé par le maréchal de Luxem-
bourg, en 1674; les côtes de Mamirolle et la plate-
bande boisée qui suit la rive gauche du Doubs.

Arguel (*507 mètres*). — Cette crête déchiquetée à
la manière alpestre a, vers son milieu, une sorte de
bastion naturel qui servait d'assiette à un château
féodal. Dès que le grand Condé eut fait capituler
Besançon, en 1668, il donna l'ordre de détruire le
château d'Arguel : ce qui fut exécuté immédiatement.

Planoise (*494 mètres*). — Depuis le dernier coude
du chemin qui mène à ce sommet fortifié, on a une
magnifique vue sur le cours inférieur du Doubs et
sur les montagnes qui déterminent les méandres de
la rivière. Les ruines du château de Montferrand sont
au premier plan de ce paysage.

Rognon (*467 mètres*). — C'est cette montagne
cônique que l'on aperçoit depuis le vieux pont de
Besançon : l'image qu'elle envoie dans la rivière est
une sorte de baromètre populaire. Quand c'est le vent
du nord-est qui souffle, c'est-à-dire lorsque le beau
temps est probable, le courant de l'air et celui de l'eau
vont dans le même sens, et alors la nappe d'eau fournit
à Rognon le plus calme des miroirs. De là est venu le
proverbe bisontin : « Quand on voit Rognon dans l'eau,
le lendemain il fait beau. » Au sommet de cette montagne, un château fort avait été bâti, en 1291, par l'ar-

chevêque Eudes de Rougemont, comme refuge contre
les violences possibles de la commune à son égard.
Le populaire, offusqué par cet acte de méfiance, prit
d'assaut la forteresse et en descendit les matériaux qui
servirent à renforcer les remparts de la ville. Ce château s'était appelé Rougemont ou Rosemont, du nom
de famille du prélat qui l'avait fait construire. Ainsi
s'explique le mot Rosemont qui sert quelquefois à
désigner l'ensemble de la montagne, mais qui origi-
nairement n'en concernait que le sommet.

Chaudane (*419 mètres*). — Le nom de cette montagne dérive du composé celtique *Caledunum* qui si-
gnifiait *montagne à pic*, et c'est en effet le caractère du
versant de Chaudane qui regarde Besançon. Depuis
la banquette qui règne devant le fort de Chaudane,
construit en 1837, on plane en quelque sorte sur la
ville de Besançon.

VALLÉES

Beure et le Bout du Monde (*distance 5 kilomètres*). — Sortie par la porte de Notre-Dame, ainsi
nommée de ce qu'elle avoisinait une église dite de
Notre-Dame-de-Jusan-Moutier, remplacée par la caserne
de gendarmerie. Bel aspect du flanc oriental de la
citadelle. — Faubourg Tarragnoz (*Terraniolum,* petite

laugue de terre). — Débouché du tunnel de 380 mètres percé récemment sous la citadelle de Besançon, dans l'intérêt de la navigation fluviale. — Moulin de Tarragnoz, ancienne propriété du chapitre métropolitain de Besançon, premier établissement d'une papeterie en Franche-Comté. — Porte avancée de la ville, dite de Malpas, en raison des dangers que l'on courait jadis en passant sur l'étroite banquette de rocher qui côtoyait en cet endroit une partie très profonde du lit de la rivière. — Ile Malpas, avec sa gracieuse couronne d'arbres variés. — Casamène (*Condamina*, domaine) : usine à gaz et ateliers métallurgiques. — Un peu plus loin, on quitte la route de Lyon, pour prendre un instant celle d'Ornans et entrer dans le vallon latéral de Beure, que l'on a justement nommé « une corbeille de fruits. » — Au fond de ce vallon est le pittoresque cirque des rochers qui relient la montagne d'Arguel à la crête des Buis. Du vallon qui longe cette crête, un ruisseau se précipite et forme, dans une anfractuosité du cirque, une cascade de dix mètres de haut. Sur la droite, une autre cascade moins importante est fournie par le ruisseau qui descend d'Arguel. Bel aspect du piton naturellement bastionné qui supportait le château-fort d'Arguel. — En gravissant le sentier qui mène aux carrières de gypse, on pourra remonter le cours du ruisseau de la cascade et rentrer par la Chapelle-des-Buis et Trôchatey. — Si l'on préfère retourner sur ses pas, on passera le Doubs au pont de Velotte, on traversera les belles cultures maraîchères de ce hameau de notre banlieue, puis, après avoir franchi la Grête, on aura l'aspect du parc et des casernes d'artillerie qui avoisinent les villas et l'église de Saint-Ferjeux.

Arcier (*Distance dix kilomètres*). — Pour y aller par chemin de fer, il faut descendre à la station de Roche (où est l'importante distillerie de la maison Bugnot-Colladon) : un bac vous transporte sur l'autre rive du Doubs, à Arcier. — Pour faire la route à pied, mieux vaut suivre, en le remontant, l'itinéraire du canal romain qui amenait à Vesontio les eaux de la source d'Arcier. — Faubourg Rivotte (*Ripeta*, petit rivage). Aspect du flanc rocheux de la citadelle, entaillé pour fournir une rampe à la voie ferrée qui se dirige vers la Suisse, avec embranchement sur la délicieuse vallée de la Loue — Porte taillée, coupure primitivement faite dans un contrefort de la citadelle pour le passage de l'aqueduc d'Arcier. — En suivant la vieille route, qui est immédiatement au dessus du chemin de halage des bateaux, vous rencontrez l'ancien ermitage de saint Léonard : le solitaire qui en était l'hôte s'appelait le *reclus de la rivière.* — Plus loin, au débouché de l'*Enfer de Morre*, un petit groupe d'habitations se nomme la Malate : là était la *maladerie* de la seigneurie de Montfaucon, aujourd'hui remplacée par plusieurs guinguettes. Le canal romain y était porté par une arcade dont on voit les restes : c'est l'origine du nom d'*Arc des Malades* qui désignait cet endroit. — On longe ensuite le pied de Montfaucon, pour traverser la presqu'île verdoyante de Chalèze et prendre un chemin qui est compris entre le cours du Doubs et des côtes boisées ; on y rencontre l'ancien moulin de la *Cana*, alimenté jadis par le morceau de canal antique le plus longtemps conservé. — Au temps des Romains, le premier tronçon du canal était porté sur des arceaux : c'est là l'origine du nom d'Arcier, analogue de celui d'Arcueil, localité où se trouvait, également portée sur des arceaux, la tête d'un aqueduc qui amenait les eaux potables à Lutèce. Arcier est un cirque rocheux grandiosement ombragé et précédé d'un tapis vert qui a le Doubs pour bordure. La grande source se déversait à l'état de nature par deux cavernes superposées. Depuis le captage qu'en a fait la ville de Besançon, elle ne débite plus au dehors que le trop plein de la tête d'aqueduc : il en résulte, en temps de grandes eaux, une fort belle chûte ; un restaurateur en a dérivé des filets qui jaillissent de la terrasse de son établissement. Au dessus de la caverne haute, on a placé une inscription commémorative du retour à Besançon des eaux d'Arcier. Une autre source, moins importante, s'appelle la *Source Bergeret* ; elle a le mérite d'être vierge de tout remaniement : ses eaux, fraîches et limpides, dorment dans des cuves rocheuses, avant de faire courir des filets d'argent sur les mousses des blocs écroulés.

5

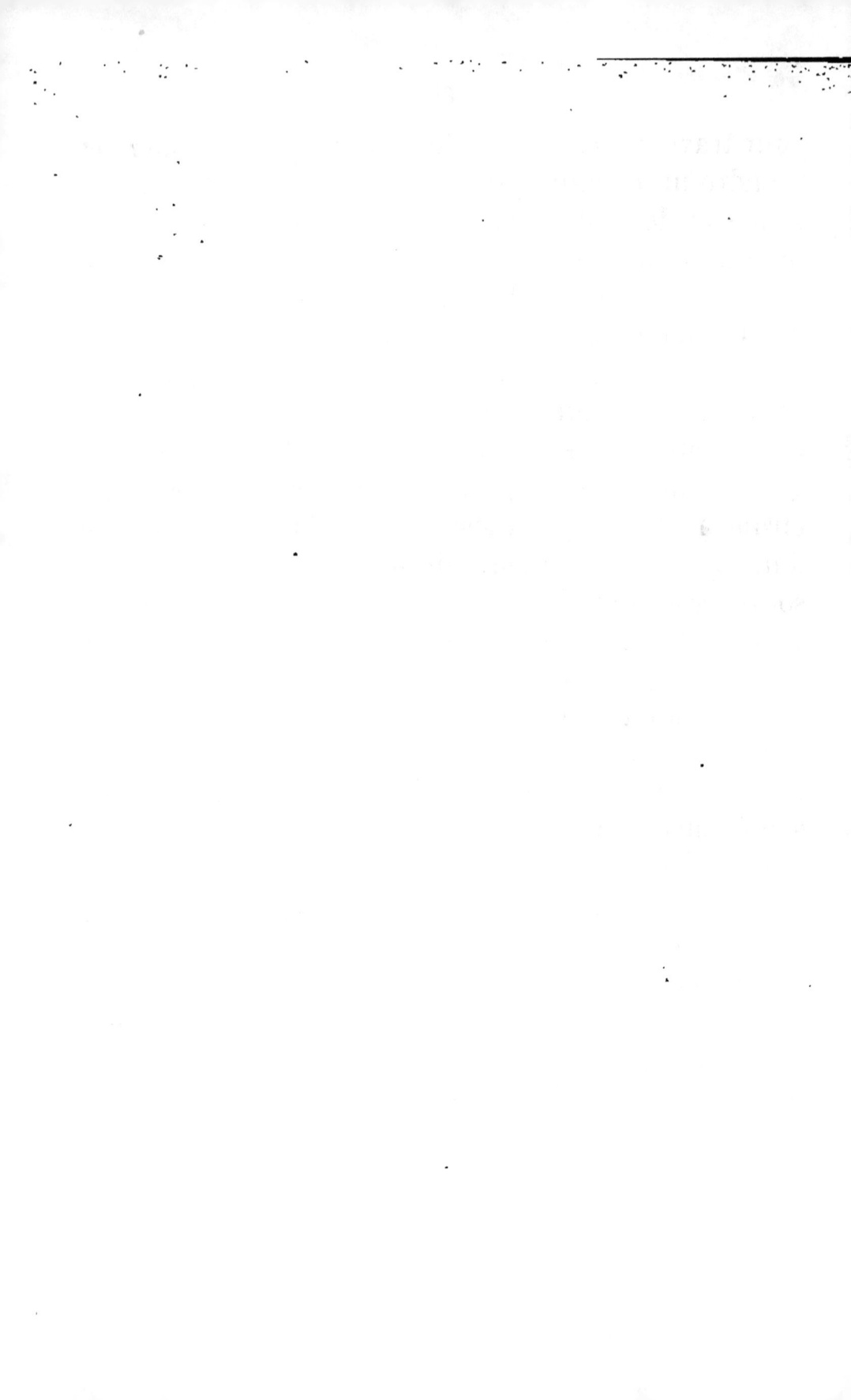

NOTICE

FABRIQUE D'HORLOGERIE

DE BESANÇON

En 1793, des ouvriers et fabricants du Locle et de la Chaux-de-Fonds, canton de Neuchâtel (Suisse), poursuivis pour leurs opinions politiques, vinrent s'établir à Besançon, pour y travailler plus paisiblement de leur industrie.

En l'an II, un arrêté du citoyen Bassal, membre de la Convention, en date du 21 brumaire, constate qu'à ce moment plus de quatre cents artistes, composent déjà la colonie.

Des sommes en assignats, des lingots d'or et d'argent à convertir en boîtes de montres, furent successivement fournies comme avances à trois agences qui, de l'an II à l'an VI, tentèrent inutilement de fonder une manufacture d'horlogerie.

En 1799, six ans après ses débuts, la nouvelle colonie avait déjà présenté au poinçonnage du bureau de garantie : 364 montres en or, 9,106 en argent.

Pendant les longues années de guerre du premier empire, pendant la Restauration, la fabrique d'horlogerie bisontine eut beaucoup à souffrir, et ce n'est guère que vers 1842 qu'elle commence à triompher de ses obstacles, grâce à la persévérance de ses fondateurs et aux efforts de citoyens dévoués. La population indigène, témoin des résultats obtenus par les descendants de ceux-ci, de leur aisance relative, se porta vers cette industrie; de nombreux apprentissages furent faits, et la fabrique d'horlogerie finit par s'implanter définitivement sur notre sol.

En 1846, le bureau de garantie a poinçonné 54,192 montres.

En 1876, trente ans après, il poinçonnait 455,968 montres.

En 1881, il a été poinçonné : 448,680 montres.

En 1882, il a été poinçonné : 493,933 montres.

En 1883, il a été poinçonné : 501,602 montres.

Les droits perçus par le fisc, ont été dans cette dernière année, de 913,370 fr. 37 c., soit près d'un million de francs.

La valeur moyenne d'une montre en or étant appréciée à 85 fr., celle d'une montre en argent à 25 fr., on trouve que la fabrication de l'année représente une somme de 22,014,530 fr., dont moitié environ constitue le contingent fourni par la main-d'œuvre.

La fabrication horlogère bisontine fournit sa proportion de 82,74 0/0 de la consommation de la France, elle a atteint le chiffre de 87 0/0 pendant l'année 1882, ce qui témoigne de la prépondérance persévérante de cette industrie locale dans les transactions, sinon de sa prospérité.

La population vivant à Besançon, directement de l'horlogerie, compte 10 à 12 mille personnes.

Notre industrie s'est répandue dans tout le département, où la population horlogère s'élève à plus de 40,000 individus.

D'importants établissements fabriquent un nombre considérable de produits horlogers divers et de roulants de pendules qui sont achevés à Besançon, à Paris, en Suisse.

La manipulation des métaux précieux destinés à faire les boîtes de montres, a exigé à Besançon, la création de six usines, mues par la vapeur, dans lesquelles l'or et l'argent sont préparés et travaillés par les moyens modernes.

En 1882, on a fondu dans ces établissements :

Or, 3,000 kilog. 550 hectog.;

Argent, 14,000 kilog. 010 hect., dont la valeur est de 11,754,000 fr., aux titres de 750/1,000 pour l'or et de 800/1,000 pour l'argent.

En 1883 :

Or, 3,000 kilog. 172 hectog.;

Argent, 14,000 kilog. 630 hectog., qui représentent une valeur intrinsèque de 10,884,000 fr.

La loi qui autorise l'emploi d'un 4e titre à 14 karats avec poinçon de garantie du gouvernement français et l'emploi de titres inférieurs pour les montres destinées à l'exportation, ayant été promulguée le 25 janvier dernier, permet désormais à notre industrie, qui était pour ainsi dire limitée jusqu'ici au seul marché français, de rechercher des relations et d'assurer l'écoulement de ses produits sur les marchés étrangers où, nos amis et rivaux les Suisses, avaient généralement seuls accès.

Déjà quelques maisons de fabrication de notre ville font des efforts pour atteindre ces nouveaux débouchés et tout porte à espérer de leurs succès.

Besançon est le seul centre en France pour la fabrication des montres. Sa production jette chaque année sur le marché français 82 à 87 0/0 de sa consommation générale, le reste étant fourni par l'importation étrangère et quelques industriels épars et isolés. Ces chiffres prouvent l'importance de notre industrie locale et les affaires qui s'y traitent.

Besançon possède une Ecole municipale d'horlogerie très remarquable.

Fondée en 1862, par notre municipalité et sans le secours de subventions de l'Etat; elle a donné l'enseignement professionnel de l'horlogerie, depuis sa fondation, à 500 élèves qui en ont suivi les cours.

Dirigée actuellement par M. Paul Chopard, elle possède 50 élèves, dont 30 de la ville et 20 du dehors.

L'exposition des travaux exécutés à cette Ecole, démontre incontestablement la supériorité du degré de connaissances théoriques et pratiques que les élèves acquièrent dans les cours qui y sont faits, tant par M. le Directeur de l'Ecole que par les nombreux Professeurs attachés à cette utile institution.

Une école spéciale aux arts décoratifs se rattachant à l'horlogerie, étant en projet, sera bientôt instituée et annexée à notre Ecole d'horlogerie et permettra d'y former de jeunes artistes pour la gravure et la décoration des boîtes de montres.

L'Observatoire qui vient d'être établi près de Besançon, rendra d'immenses services à notre horlogerie nationale ainsi qu'à la science, et nous permettra désormais de n'avoir rien à envier, pour le réglage des montres de prix à nos concurrents de l'étranger.

ÉCOLE MUNICIPALE
Théorique et Pratique d'Horlogerie

L'Ecole municipale d'Horlogerie de Besançon a été fondée en 1862. Elle est installée dans le vaste bâtiment des Ecoles du Grenier de la Ville, place Labourée, où toutes les salles sont aménagées en vue des diverses branches d'enseignement que comporte son programme : ateliers divers, salles de cours théoriques et de dessin.

Conditions d'admission.

L'Ecole reçoit les jeunes gens depuis l'âge de 13 ans, lorsqu'ils justifient d'une instruction primaire suffisante.

Elle est gratuite pour les élèves de Besançon.

Les élèves du dehors sont internés au Lycée et paient une pension de 65 fr. par mois augmentée d'un abonnement de 24 fr. par an, pour fourniture de linge, blanchissage, raccommodage, etc. Ils paient en outre une rétribution scolaire de 200 fr. par an.

Les gros outils, les métaux et toute la fourniture nécessaire aux travaux d'atelier sont à la charge de l'Ecole.

Programme.

Les cours pratiques ou d'atelier ont lieu chaque jour de 7 heures du matin à 5 heures du soir; les cours théoriques et de dessin appliqué, de 5 à 7 heures du soir.

Le programme des travaux pratiques comprend l'exécution des ébauches de montres de divers genres, les mécanismes de remontoirs, les principaux échappements, le sertissage des rubis, le réglage, le repassage et remontage des différents genres de montres et le rhabillage de toute l'horlogerie.

Les cours théoriques sont un complément de l'instruction primaire et l'application des sciences mathématiques à l'horlogerie. Les cours de dessin comportent le tracé géométrique et mécanique des principes de l'horlogerie, et la reproduction des pièces ou des outils dans leurs fonctions normales.

Les cours sont de trois années. Toutefois cette durée n'est pas rigoureuse si des aptitudes ou des connaissances préalablement acquises abrègent l'étude du programme.

Aussi bien, et lorsque la place le permet, il peut être accordé une durée de présence excédant les trois années de cours à l'élève justifiant de certaines capacités et qui désire se perfectionner dans les pièces compliquées ou l'art chronométrique.

A titre de récréation utile et salutaire, des leçons gratuites de musique, de gymnastique et d'exercices militaires sont données aux élèves. La fanfare formée des élèves de l'Ecole d'horlogerie constitue la musique du bataillon scolaire de la ville de Besançon.

Résultats obtenus.

Les élèves ayant suivi avec distinction les cours complets de l'Ecole reçoivent à leur sortie des diplômes et certificats de capacité qui leur sont des titres précieux et susceptibles de leur ouvrir partout une carrière honorable et lucrative.

L'Ecole ne pouvant assumer la responsabilité d'apprentissages incomplets et patroner des jeunes gens qui, pour des raisons quelconques, n'auraient pas suivi avec fruit toutes les parties du programme, ne remet à ceux-ci à leur sortie qu'un simple certificat de leur présence à l'Ecole. Cette pièce, qui indique au besoin les parties du travail manuel exécutées par l'élève, lui refuse le titre d'ancien élève de l'Ecole d'horlogerie de Besançon dont il pourrait plus tard se prévaloir au détriment de la renommée de l'institution.

L'Ecole compte parmi ses anciens élèves de nombreux horlogers qui, dans la fabrique de Besançon ou au dehors, portent haut cette renommée; et c'est avec satisfaction qu'elle a vu l'Ecole d'horlogerie de Paris récemment fondée prendre pour directeur-professeur, après concours, l'un des anciens élèves de l'Ecole de Besançon.

Afin d'entretenir une féconde émulation, et permettre à chacun d'apprécier l'habileté des élèves et le niveau des études, chaque exercice est clos par une distribution solennelle des prix, suivie d'une exposition publique des travaux d'atelier et des dessins exécutés pendant l'année.

En somme, les bons élèves sont recherchés par les meilleurs comptoirs de la fabrique ou les maisons les mieux réputées de Paris ou de la province, qui utilisent avec succès les solides connaissances qu'ils ont acquises à l'école.

L'avenir est donc assuré aux jeunes gens qui travaillent à l'école, et profitent des excellentes leçons qu'ils y reçoivent.

Bien plus, l'Ecole d'horlogerie affirme sa valeur à toutes les expositions et concours auxquels elle prend part. Les nombreuses et importantes récompenses décernées récemment au Trocadéro à plusieurs de ses élèves aussi bien que les médailles et diplômes obtenus aux expositions internationales de Paris et de Melbourne, sont autant de témoignages officiels rendus au mode d'enseignement en même temps qu'au zèle et aux soins du Directeur et des Professeurs de l'Institution.

Aujourd'hui même elle présente au visiteur les spécimens les plus remarquables des travaux qu'elle a envoyés au Louvre à l'Exposition des *Arts industriels et des Diamants de la couronne*, spécimens qui ont fait l'étonnement des horlogers parisiens, et que le jury de cette œuvre nationale a hautement appréciés.

Aussi la ville de Besançon est-elle à juste titre fière de son Ecole d'horlogerie qu'elle a créée de sa propre initiative et qu'elle entretient de ses deniers sans le secours de l'Etat auquel elle croyait lors de sa fondation devoir être obligée de recourir. Mais grâce à sa situation toute particulière au sein de la fabrique d'horlogerie dont elle connait les perfectionnements et les procédés découlant de l'habileté et du talent de ses nombreux praticiens, l'Ecole possède et met en œuvre pour l'instruction aussi rapide que possible de ses élèves, ces procédés nouveaux dont l'avantage principal est une économie de temps pour l'élève. Enfin l'Ecole d'horlogerie est à Besançon dans l'atmosphère qui lui convient, de même qu'une Ecole de Musique est bien à Milan, une Ecole de Beaux-arts, à Rome, à Florence et à Paris.

Mais l'Ecole d'horlogerie de Besançon est plus qu'un œuvre d'un caractère local, elle est, au milieu de la fabrique nationale d'horlogerie, la source dont le flot entretient les forces et la fécondité de cette production toute française, et elle peut à ce titre être appelée l'Ecole nationale d Horlogerie de la France.

Elle assure en effet, à la Fabrique bisontine des cadres pour son armée de travailleurs. Et par la propagation des bons principes qui sont religieusement observés à l'Ecole, cette fabrique qui fournit aujourd'hui les neuf dixièmes de la consommation de l'horlogerie portative en France, étendra toujours davantage au dehors sa clientèle et sa bonne renommée.

HORAIRE DU CHEMIN DE FER

DÉPART DE BESANÇON

Pour DIJON : Matin, 5 h. 13; 8 h. 01. — Soir, 2 h. 19;
    5 h. 20; 8 h. 34.

Pour BELFORT : Matin, 3 h. 52; 5 h. 20; 9 h. 46. — Soir,
    2 h. 10; 6 h. 25.

Pour PONTARLIER : Matin, 7 45. — Soir, 1 h. 20; 4 h. 49;
    5 h. 02.

Pour LONS-LE-SAUNIER, BOURG et LYON : Matin, 7 h. 45.
    — Soir, 1 h. 20; 4 h. 49; 5 h. 02; 8 h. 15.

Pour VESOUL : Matin, 4 h. 52 ; 7 h. 40; 9 h. 40. — Soir :
    2 h. 02; 7 h. 30.

Pour GRAY (par Miserey) : Matin, 8 h. 02. — Soir, 2 h. 45;
    6 h. 43.

Pour MORTEAU : Matin,   . — Soir,

ARRIVÉE A BESANÇON

De DIJON : Matin, 3 h. 32; 7 h. 24; 9 h. 26. — Soir, 12 h. 38;
    5 h. 52; 8 h.; 9 h. 50.

De BELFORT : Matin, 7 h. 29; 11 h. 22. — Soir, 1 h. 50;
    4 h. 37; 8 h. 06.

De BOURG : Matin, 7 h. 50; 9 h. 12. — Soir, 1 h. 44;
    6 h. 08; 10 h. 41.

De VESOUL : Matin, 7 h. 24; 11 h. 56. — Soir, 12 h. 54;
    4 h. 31; 7 h. 15; 10 h. 27.

De GRAY : Matin, 7 h. 12. — Soir, 1 h. 09; 7 h. 54.

De MORTEAU : Matin,   . — Soir,

Les billets d'aller et retour délivrés pour Besançon les
8, 9 et 10 août seront valables jusqu'au dernier train du
12 août, à l'exception de ceux délivrés de Paris, lesquels
conservent leur validité de 5 jours.

Les billets d'aller et retour délivrés pour BESANÇON depuis le 14, compris ceux délivrés de Paris, seront tous valables jusqu'au dernier train de la journée du 19 août.

Des trains spéciaux pour assurer le retour des voyageurs dans la soirée du 17 août, seront organisés au départ de Besançon dans les directions de Dijon, Vesoul, Belfort et Morteau.

VOITURES DE PLACE

TARIF

Le prix est à l'heure, comme suit, sur l'étendue du territoire :

	Grande voiture à 2 chevaux.	Coupé-Cabriolet et voiture à 1 cheval.
La première demi-heure. . .	1 fr. 25	1 fr. »
Les suivantes	1 »	0 75

Toute demi-heure commencée est intégralement due.

PRISE A DOMICILE. — RETOUR A VIDE. — Si le cocher est appelé à domicile, l'heure courra du moment où le cocher aura été pris, soit sur une station, soit ailleurs.

Si le voyageur arrivé à une distance d'au moins trois kilomètres, renvoie la voiture, il devra, pour le retour à la station, en sus du prix tarifé, une indemnité de 0 fr. 75 c. pour une voiture à 1 cheval, et de 1 fr. pour une voiture à 2 chevaux.

BAGAGES. — Il est perçu 25 c. pour tout colis placé en dehors des places des voyageurs.

VITESSE. — Vitesse moyenne, huit kilomètres à l'heure. Six kilomètres seulement pour les rampes de Morre, de Saint-Claude, de Velotte et autres présentant les mêmes déclivités. Aucune vitesse n'est garantie pour les rampes atteignant une déclivité de 10 %.

STATIONNEMENT DES VOITURES

Place Saint-Pierre — Square Saint-Amour — Granvelle — Place de la Madeleine — à la Préfecture et aux Gares de Chemin de fer.

HORLOGERIE FRANÇAISE
Maison fondée en 1852

E. RICHELET

fabricant d'horlogerie

53, Grande-Rue (au 2ᵉ étage), près la place Sᵗ-Pierre

BESANÇON

Grand choix de Montres de précision en Or et en Argent,
à clef et à remontoir, au détail, pour Dames, Hommes et
Jeunes Gens.

Toute l'horlogerie est vendue entièrement de confiance avec
garantie de 2 à 5 ans.

SPÉCIALITÉ DE BONNETERIE

BARREY-MOUTON

TALPAIN-BARREY Gendre, Successeur

103, Grande-Rue, 103, BESANÇON

BAS & CHAUSSETTES EN TOUS GENRES, GANTS DE PEAU & DE TISSUS

LAINES & COTONS A TRICOTER	GILETS DE CHASSE
FICHUS, CAPELINES, ROBES	CALEÇONS TOILE, TRICOTS
MANTEAUX EN TRICOTS	BRETELLES & JARRETIÈRES
CORSETS	FLANELLE & FOULARDS

PRODUIT ANTHIRUMATISMAL
du Pin Sylvestre

ANCIENNE MAISON J^{PH} BURDIN

BURDIN FILS

Rue Saint-Pierre, 22

Rue du Clos-St-Paul, 15, place St-Amo

FERS, FONTES, MÉTAUX
QUINCAILLERIE
Ustensiles de Ménage

COFFRES-FORTS INCOMBUSTIBLE

GRAND ASSORTIMENT

DE

SUSPENSIONS A L'HUILE & AU PÉTROL

Liens Universels Brevetés
pour le pressage des foins
adopté par le Ministre de la Guerre

MEUBLES DE JARDIN, TABLES CHAISES, ETC
Houille de Forge, Pétrole, Essence

FABRIQUE D'HORLOGERIE

Montres Or et Argent

⌘

VILLEROT

54, Grande-Rue, 54

BESANÇON (DOUBS)

FABRIQUE DE MONTRES

Vente en gros   EN TOUS GENRES   **Vente en gros**

Maison fondée en 1872

⌘

L. BIGOUDOT

Grande-Rue, 50, & rue de l'Arbalète, 21

COMMISSION **BESANÇON** EXPORTATION

⌘

Envois d'Echantillons et choix sur demandes franco de port

AUX CHAPRAIS-BESANÇON (DOUBS)

à proximité et entre les gares de la Viotte et de la Mouillère

A LOUER

dans les propriétés des Deux-Princesses, de la Cassotte, de Cité-Princesses, du Parnasse et des Menus-Plaisirs,

I. — Plusieurs appartements et Jardins ;
II. — Vastes Magasins, Écuries et Remises pour le commerce en gros;
III. — Chantiers et Entrepôts ;
IV. — Et par lots, Terrains et Jardins, avec ou sans Tonnelles.

A VENDRE

dans une position commerciale exceptionnelle

UNE CONSTRUCTION RÉCENTE

pouvant être parachevée pour toutes espèces d'industrie et de marchands en gros.
S'adresser au propriétaire, M. Edouard WISZNER, aux Chaprais.

AUX CHAMPS-ÉLYSÉES

A LA MOUILLÈRE-BESANÇON

près de la gare de la ligne Morteau-Suisse et à quelques mètres du pont de la porte Saint-Pierre en construction,

A VENDRE
Plusieurs Places à bâtir

Pour visiter et traiter, s'adresser à MM. Edouard WISZNER et Alexis NORIN, aux Chaprais-Besançon.

AUX CHAPRAIS-BESANÇON

à proximité du chemin de fer de la Rotonde de la Viotte, sur route nationale et autres chemins,

A LOUER
Appartements, Jardins & Chantiers

A VENDRE
Lots de terrains & Places à bâtir

Pour traiter, s'adresser à M. Alexis NORIN, propriétaire, aux Champs-Élysées, Chaprais-Mouillère-Besançon.

WILLEMIN

à PERREGAUX, province d'Oran (Algérie)

Propriétaire de terres importantes
et d'un clos de **vingt hectares** de vignes.

BON VIN ROUGE DE TABLE

ARMAND VALLUET

23, Rue de Glères, 23.

IMPRIMERIE

LITHOGRAPHIE

IMPRESSIONS DE LUXE

LETTRES DE MARIAGE

ET DE DÉCÈS

CARTES A LA MINUTE

RÉGISTRES

IMPRESSIONS EN TOUS GENRES

SPÉCIALITÉ

POUR ENTREPRENEURS

DE

TRAVAUX PUBLICS

ATELIER SPÉCIAL POUR RHABILLAGES

en tous genres

permettant de faire avec
garantie très vite, bien
et aux meilleures
conditions.

FABRIQUE D'HORLOGERIE

L. D. VEYRET

1, Quai Veil-Picard, Place de la Madeleine
et rue d'Arènes

BESANÇON

EXPORTATION

FABRIQUE D'HORLOGERIE

Maison fondée en 1849

VICTOR COQUIARD

14, rue de l'Ecole, 14, Besançon

Médaille à l'Exposition universelle de Paris 1855

BIÈRE, CAFÉ, LIQUEURS

VINS

Charcuterie alsacienne

en tous genres

CHOUCROUTE

DÉJEUNERS

Dîners et Soupers à la Carte

A TOUTE HEURE

TAVERNE ALSACIENNE

tenue par

J. GOTTENKIENY

DE MULHOUSE

Square Saint-Amour, 5

& RUE NEUVE-SAINT-PIERRE, 22

BESANÇON

Bière de Lutterbach (Alsace).

MANUFACTURE D'HORLOGERIE

VEUVE J. PICARD & FILS

69, Grande-Rue, 69, Besançon

Spécialité de Remontoirs Ancre et Cylindre

LEMUHOT

Coiffeur & Artiste en Cheveux

Inventeur de la Dentelle en cheveux

BREVETÉ & MÉDAILLÉ

CONCOURS INTERNATIONAL DE PARIS 1880

J.-B. LEMUHOT

Prix d'honneur (grande Médaille d'Or)

Place Saint-Pierre, 11-13
BESANÇON

AGRANDISSEMENT & AMÉLIORATION

DES

SALONS DE COIFFURE

POUR DAMES & POUR HOMMES

Spécialité et application de teinture

POUR LES CHEVEUX & LA BARBE

Coloration progressive ou instantanée

Coiffures de Mariées, Bals et Soirées

CRÉDIT LYONNAIS

Fondée en 1863

SOCIÉTÉ ANONYME
Capital : 200,000,000 de Francs
SIÈGE SOCIAL A LYON

SUCCURSALE A PARIS

Agences en France

Agen.
Aix-en-Provence.
Aix-les-Bains.
Alais.
Alger (Algérie).
Amiens
Angers.
Angoulême.
Annecy.
Annonay.
Arras.
Bar-le-Duc.
Bayonne.
Beaune.
Belleville-s-Saône.
Besançon.
Béziers.
Bordeaux.
Bourg.
Caen.
Cannes.
Cette.
Chalon-sur-Saône.
Chambéry.
Dijon.
Dunkerque.
Grenoble.
Havre (le).
Lille.
Limoges.
Mâcon.
Marseille.
Menton.
Montpellier.
Moulins.
Nancy.
Nantes.
Narbonne.

Agence de Besançon
Grande-Rue, 86

LE CRÉDIT LYONNAIS
ouvre des comptes courants

Il escompte et recouvre le papier
de commerce sur la France et l'Etranger

Il ouvre des crédits en compte courant

Il délivre des lettres de crédit
sur tous pays
et se charge d'envois de fonds
par chèques,
correspondance ou *TÉLÉGRAPHE*,
dans toutes les localités de la France
et de l'Etranger

Il achète et vend les monnaies
et billets étrangers

Il reçoit les dépôts d'argent
à des taux d'intérêts
variant suivant la durée des dépôts

Il fait des avances sur titres

Il reçoit les titres en dépôt,
encaisse les coupons,
exécute les ordres de Bourse
sur toutes les places
de France et de l'Etranger
et reçoit les demandes de souscriptions.

Nevers.
Nice.
Nîmes
Oran (Algérie).
Orléans.
Perpignan.
Reims.
Rennes.
Rive-de-Gier.
Roanne.
Roubaix.
Rouen
Saint-Chamond.
Sedan.
Saint-Etienne.
St-Germ.-en-Laye
St-Quentin(Aisne)
Thisy.
Toulouse.
Tourcoing.
Tours.
Troyes.
Valence.
Valenciennes.
Versailles.
Vienne (Isère)
Villefranche-s.-Se.
Voiron.

Agence à l'Etranger

Alexandrie, Egypte
Caire (le), avec bu-
reau de quartier
du Mousky.
Constantinople.
Genève.
Londres.
Madrid
Port-Saïd.
St-Pétersbourg.

Aux Arts et Métiers

BUCHAILLET FRÈRES & Cie

10, rue Battant, & quai de Strasbourg, 9 & 11

FABRIQUE D'OUTILS MONTÉS

Pour Menuisiers, Ébénistes, Tonneliers, Charrons, Charpentiers, Sabotiers, etc., etc.

QUINCAILLERIE, SERRURERIE, ARTICLES DE MÉNAGE, COFFRES-FORTS

Machines agricoles, Meubles de Jardin, Spécialité d'Articles pour Moulins

ENTREPOT DE TUILES D'ALSACE, BRIQUES FAITIÈRES, ETC.

CHAUX EN SACS, CIMENTS ET PLATRES DE TOUTES QUALITÉS

CAFÉ RESTAURANT DU CAPRICE

E. COURTOT

14, place Saint-Amour, 14, Besançon

Spécialité de tripes à la mode de Caen — Salaison de Morteau

DÉJEUNERS ET DINERS A LA FOURCHETTE A TOUTE HEURE

Bière de Strasbourg et de Besançon

FABRIQUE DE PIPES

Spécialité pour Fumeurs et Priseurs

FROSSARD

11, rue des Granges, 11 (2e cour)

A BESANÇON

L'Épicerie Centrale

12, GRANDE-RUE, 12

Vend tous ses **CAFÉS VERTS** avec 5 °/₀ d'escompte (par quantité de 5 kilog.), sur le prix de son tarif.

Ses **CAFÉS BRULÉS** avec 5 0/0 d'escompte également (par quantité de 2 kil. 500).

Sur les Chocolats Potin, Guérin-Boutron, de la Compagnie Coloniale, du Planteur, Meunier-Lombart et Minelle, il est également fait 5 p. 0/0 d'es-compte (par quantité de 5 kilog).

Assortiments des plus variés

EN

CONSERVES & COMESTIBLES

des meilleures maisons de production

LIQUEURS DE TOUTES MARQUES

Vins de toutes espèces

FABRIQUES DE CONFITURES

GRAND
Hôtel Continental
BESANÇON

Angle rue Proudhon et rue de Lorraine

PRÈS LE SQUARE SAINT-AMOUR

Maison de premier ordre, entièrement neuve, offrant tout le confort désirable, montée et tenue comme les hôtels de Suisse, où l'on pourra descendre en toute confiance.

Belle situation dans un quartier entièrement neuf, au centre du mouvement et à proximité de la gare de Morteau.

Ravissante *Salle à manger*, Salons de restaurant pour déjeuners et dîners à part, Salon de lecture, Bains, *Appartements pour famille*, se composant d'un salon avec 3-5 pièces et pouvant à volonté se séparer complètement de l'Hôtel. — Interprètes.

OMNIBUS EN GARE

A. BRAUEN,

Ex-Directeur de Grands Hôtels en Suisse.

7

A. ROLLIER

Fabricant d'horlogerie

14, GRANDE-RUE, 14
BESANÇON

AU PARAPLUIE BISONTIN

J. FÉNIÈS

69, Grande-Rue, 69, Besançon

RÉPARATIONS

CONFISERIE PARISIENNE

NUEL-VERNIER

4, Grande-Rue, 4

Assortiment pour Baptêmes, Desserts en tous genres

REVUE FRANC-COMTOISE

Éditée par VERNIER-ARCELIN, libraire, à Dole (Jura)

Paraissant le 15 de chaque mois

Abonnement : 1 an, 12 fr. Le n°, 1 fr. 25. Chez tous les libraires.

Comptes-Rendus des Sociétés savantes, des Fêtes, Expositions, Nouvelles, Articles scientifiques intéressant la Franche-
Comté.

FABRIQUE D'HORLOGERIE

en tous genres

RÉCOMPENSES A DIVERSES EXPOSITIONS UNIVERSELLES

Vᵛᵉ N. ADLER & FILS

BESANÇON

HORLOGERIE SOIGNÉE

SPÉCIALITÉ DE REMONTOIRS

(MOUVEMENT DÉPOSÉ)

A. BAILLY & Cⁱᵉ

16, Rue St-Pierre, et Square St-Amour, 1

A BESANÇON

B. GEISMAR & CIE

FABRIQUE DE BOITES EN ARGENT

en tous genres

※

USINE DE TARRAGNOZ

※

BESANÇON

L. FERNIER ET FRÈRES

A BESANÇON

Paris 1878, Médaille d'Or

HORLOGERIE DE PRÉCISION

Demi-Chronomètres, Chronomètres

CHRONOGRAPHES, SECONDES INDÉPENDANTES

Répétitions, Quantièmes & Phases de lune

BESANÇON

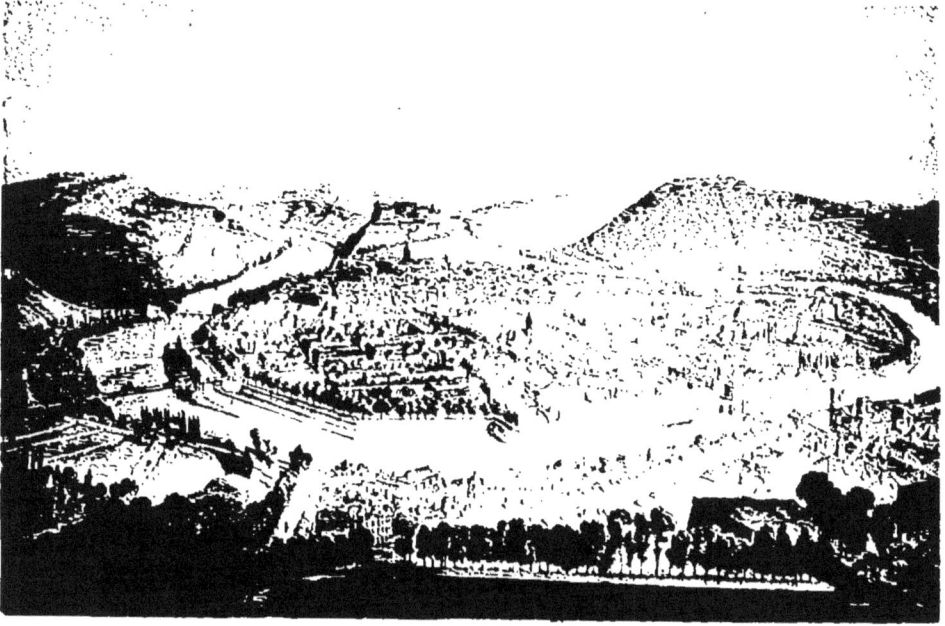

VILLE DE BESANÇON

PROGRAMME GÉNÉRAL

DES

GRANDES FÊTES DE 1884

DONNÉES PAR

la Municipalité, sous la présidence d'honneur de M. le Général WOLFF, commandant le corps d'armée, de M. LE PRÉFET DU DOUBS, et de M. LE MAIRE DE LA VILLE de Besançon, avec le concours de toutes les Sociétés de la Ville.

POUR

l'inauguration du chemin de fer de Besançon-Morteau-Suisse, de grands travaux d'édilité de l'Observatoire astronomique et chronométrique, et celle de la statue de Claude de Jouffroy, inventeur de l'application de la vapeur à la navigation.

EXPOSITIONS

Exposition des Beaux-Arts et de l'horlogerie bisontine

au palais Granvelle,

Organisée par la Société des Amis des Beaux-Arts et la Chambre syndicale des Fabricants d'horlogerie.

OUVERTURE LE 15 JUILLET.

Exposition agricole et horticole

Organisée par les Sociétés d'Agriculture et d'Horticulture
du Doubs,

dans la promenade Micaud,

DURÉE : DU 9 AU 17 AOUT.

Exposition scolaire

à l'Ecole de Granvelle,

Organisée par M. l'Inspecteur d'Académie du département.

DURÉE : DU 10 AU 18 AOUT.

FÊTES & CONCOURS

DIMANCHE 3 AOUT, *de 2 à 5 h. de l'après-midi*

GRANDES RÉGATES INTERNATIONALES

Données par la Société nautique bisontine, entre la porte
Taillée et la Malate.

Le soir, à Chamars, à 8 h. 1/2, FÊTE FORAINE.

FÊTE DE GYMNASTIQUE, par la Société la *Comtoise.*

JEUDI 7 AOUT

GRAND CONCOURS D'ESCRIME

à la Halle,

Sous le patronage des Autorités militaires, par les maîtres
d'armes et *prévôts du corps d'armée et des amateurs civils et
militaires.*

VENDREDI 8 AOUT

Réception des Sociétés de gymnastique et des Membres du jury.

SAMEDI 9 AOUT

GRAND

CONCOURS INTERNATIONAL DE GYMNASTIQUE
à *Chamars*
Matin, à partir de 7 heures, et soir, à partir de 1 h. 1/2.

GRAND CONCOURS INTERNATIONAL DE TIR
Ouverture : à partir de 8 heures.

A 8 heures 1/2 du soir, **Grande Retraite aux Flambeaux**, par toutes les musiques civiles et militaires, escortées par les cavaliers porte-torches, toutes les Sociétés de gymnastique et le bataillon de pompiers. Départ de la place Labourée à Granvelle. **Concert à Granvelle** par une partie des musiques composant la retraite et **Concert à Chamars** par le second groupe de musiques.

DIMANCHE 10 AOUT

Reprise du **Concours de Gymnastique**, à Chamars, de 6 heures à midi.

Continuation du **Concours de Tir.**

A 1 heure, **Grand Cortége** de toutes les Sociétés de Gymnastique, du bataillon scolaire et des pupilles de la Société de Tir, avec le concours des musiques civiles et militaires. — A 2 heures, défilé devant les autorités. — A 2 heures 1/2, Exercices généraux à Chamars et distribution des prix.

A 4 heures 1/2, Ascension du ballon le **BOLIDE**, de 600 mètres cubes, monté par M. THIBAULT, de l'Ecole aérostatique de France.

A partir de 8 heures, Fête foraine et Bal à Chamars, Eclairage de la promenade par la lumière électrique.

A 9 heures, Feu d'artifice tiré sur le bastion du pont de Canot.

Lundi, mardi et jours suivants, continuation du Concours de tir au Stand de Saint-Ferjeux.

VENDREDI 15 AOUT

GRAND CONCOURS INTERNATIONAL DE POMPES

Le soir, Fête à Chamars avec exécution musicale et Fête de Gymnastique par la Société la *Fraternelle.*

SAMEDI 16 AOUT

Dans la matinée, réception et visite des Repésentants du Gouvernement aux Expositions.

Inauguration officielle du chemin de fer de Besançon-Morteau à la frontière suisse.

Dans l'après-midi, inauguration de l'**Observatoire.**

Réceptions des Sociétés musicales.

Le soir, à 8 heures 1/2, **Grand Concert de gala au Théâtre,** au profit des pauvres.

A la même heure, exécution musicale par la **Musique d'Artillerie,** à Granvelle.

DIMANCHE 17 AOUT

GRAND CONCOURS INTERNATIONAL DE MUSIQUE
(100 SOCIÉTÉS MUSICALES)

Dans la matinée, **Concours à vue.**

A midi 1/2, concentration sur les quais de Strasbourg et Veil-Picard des Sociétés musicales et des Sociétés de la ville.

A 1 heure, inauguration de la statue de **Claude de Jouffroy et défilé des Sociétés** devant la statue et la tribune d'honneur.

A 1 heure 3/4, dislocation du cortége à Granvelle.

A 2 heures, **Concours d'exécution** dans les divers emplacements désignés à cet effet.

A 4 heures 1/2, **Concours d'honneur.**

A 5 heures, distribution des prix à Chamars (en cas de pluie au théâtre).

A 6 heures 1/2, grand banquet d'honneur à la halle, offert par la municipalité aux représentants du Gouvernement et aux Membres du Jury.

A 8 heures 1/2, **Fête vénitienne**, par la Société nautique bisontine et **Grand Feu d'Artifice** tiré par Ruggieri, entre les ponts de Battant et Canot.

Eclairage, par projection de lumière électrique, des quais et du bassin de Chaudanne.

A 10 heures 1/2, **Grand Bal et Grande Fête de nuit,** à Chamars.

COMITÉ CENTRAL DE DIRECTION DES FÊTES.

Président. — M. DELAVELLE, maire de la ville.

Vice-Président honoraire. — M. H. BÉJANIN, président du Tribunal civil.

Vices-Présidents. — M. Ch. SANDOZ, adjoint au maire.

Id. — M. VUILLECARD, conseiller municipal.

Secrétaires. — M. BESSON, substitut du Procureur général.

Id. — M. GAUTHIER, avocat a la Cour d'appel.

Trésorier. — M. GRAND, Receveur municipal.

Commissaire Général. --M. GROSJEAN, avocat à la Cour d'appel

COMITÉ

MM. de Moréal, président de la Société d'Horticulture.

Ledoux, président de la Société d'Emulation.

Benoist, président de la Chambre syndicale des Fabricants d'horlogerie.

Coulox, président de la Société Nautique Bisontine.

G. Vieille, Commandant le bataillon de sapeurs-pompiers.

Goud, Chef d'orchestre du Théâtre.

Brulard, président de la Société de Tir.

Saint-Ginest, vice-présid. de la Société des Beaux-Arts.

Castan, Conservateur de la Bibliothèque de la ville.

Ahr, président de la Société d'astronomie populaire.

Rozat, président du Cercle suisse.

Lombard, président de la Fanfare des Chaprais.

Flagey, vice-président de la *Comtoise,* société de gymnastique.

Febvrel. président de la *Fraternelle,* société de gymnastique.

Fernier, Conseiller municipal.

Faxart, Conseiller municipal.

Benoist, inspecteur d'Académie.

COMITÉ DES LOGEMENTS

M. Gigoux, Grande-Rue, 2, *Président.*

TABLE DU LIVRET-PROGRAMME

GUIDE DU TOURISTE A BESANÇON & AUX ENVIRONS
par A. CASTAN

www.ingramcontent.com/pod-product-compliance
Lightning Source LLC
Chambersburg PA
CBHW060206100426
42744CB00007B/1192